ANATOLE FRANCE
DE L'ACADÉMIE FRANÇAISE

BALTHASAR

PARIS
CALMANN-LÉVY, ÉDITEURS
3, RUE AUBER, 3

Droits de reproduction et de traduction réservés
pour tous les pays.

BALTHASAR

COLLECTION BLEUE

ANATOLE FRANCE

LES DIEUX ONT SOIF
L'ÉTUI DE NACRE
L'ILE DES PINGOUINS
LE JARDIN D'ÉPICURE
LE LIVRE DE MON AMI
LE LYS ROUGE
L'ORME DU MAIL
LES OPINIONS DE M. JÉRÔME COIGNARD
LE PETIT PIERRE
LA RÔTISSERIE DE LA REINE PÉDAUQUE
THAÏS
LES CONTES DE JACQUES TOURNEBROCHE
LE MANNEQUIN D'OSIER
JOCASTE ET LE CHAT MAIGRE
LA VIE EN FLEUR
MONSIEUR BERGERET A PARIS

BALTHASAR

Au vicomte Eugène-Melchior de Vogüé.

BALTHASAR

Magos reges fere habuit Oriens.
TERTULL.

En ce temps-là, Balthasar, que les Grecs ont nommé Saracin, régnait en Éthiopie. Il était noir, mais beau de visage. Il avait l'esprit simple et le cœur généreux. La troisième année de son règne, qui était la vingt-deuxième de son âge, il alla rendre visite à Balkis, reine de Saba. Le mage Sembobitis et l'eunuque Menkéra l'accompagnaient. Il était suivi de soixante-quinze chameaux, portant du cinnamome, de la myrrhe, de la poudre d'or et des dents d'éléphant. Pendant qu'ils cheminaient, Sembobitis lui enseignait tant l'influence des planètes que les vertus des pierres, et Menkéra lui chantait des chansons liturgiques; mais il ne les écoutait pas et il s'amusait à voir les petits chacals assis sur leur derrière, les oreilles droites, à l'horizon des sables.

Enfin, après douze jours de marche, Balthasar et ses compagnons sentirent une odeur de roses, et bientôt ils virent les jardins qui entourent la ville de Saba.

Là, ils rencontrèrent des jeunes filles qui dansaient sous des grenadiers en fleurs.

— La danse est une prière, dit le mage Sembobitis.

— On vendrait ces femmes un très grand prix, dit l'eunuque Menkéra.

Étant entrés dans la ville, ils furent émerveillés de la grandeur des magasins, des hangars et des chantiers qui s'étendaient devant eux, ainsi que de la quantité de marchandises qui y étaient entassées. Ils marchèrent longtemps dans des rues pleines de chariots, de portefaix, d'ânes et d'âniers, et découvrirent tout à coup les murailles de marbre, les tentes de pourpre, les coupoles d'or, du palais de Balkis.

La reine de Saba les reçut dans une cour rafraîchie par des jets d'eau parfumée qui

retombaient en perles avec un murmure clair.
Debout dans une robe de pierreries, elle souriait.

Balthasar, en la voyant, fut saisi d'un grand trouble. Elle lui sembla plus douce que le rêve et plus belle que le désir.

— Seigneur, lui dit tout bas Sembobitis, songez à conclure avec la reine un bon traité de commerce.

— Prenez garde, seigneur, ajouta Menkéra. On dit qu'elle emploie la magie pour se faire aimer des hommes.

Puis, s'étant prosternés, le mage et l'eunuque se retirèrent.

Balthasar, resté seul avec Balkis, essaya de parler, il ouvrit la bouche, mais il ne put prononcer une seule parole. Il se dit : « La reine sera irritée de mon silence. »

Pourtant la reine souriait encore et n'avait pas l'air fâché.

Elle parla la première et dit d'une voix plus suave que la plus suave musique :

— Soyez le bienvenu et seyez-vous près de moi.

Et d'un doigt, qui semblait un rayon de lumière blanche, elle lui montra des coussins de pourpre étendus à terre.

Balthasar s'assit, poussa un grand soupir et, saisissant un coussin dans chaque main, s'écria très vite :

— Madame, je voudrais que ces deux coussins fussent deux géants, vos ennemis. Car je leur tordrais le cou.

Et, en parlant ainsi, il serra si fort les coussins dans ses poings que l'étoffe se creva et qu'il en sortit une nuée de duvet blanc. Une des petites plumes voltigea un moment dans l'air ; puis elle vint se poser sur le sein de la reine.

— Seigneur Balthasar, dit Balkis en rougissant, pourquoi donc voulez-vous tuer des géants ?

— Parce que je vous aime, répondit Balthasar.

— Dites-moi, demanda Balkis, si dans votre capitale l'eau des puits est bonne ?

— Oui, répondit Balthasar surpris.

— Je suis curieuse aussi de savoir, reprit Balkis, comment on fait les confitures sèches en Éthiopie.

Le roi ne savait que répondre. Elle le pressa :

— Dites, dites, pour me faire plaisir.

Alors, il fit un grand effort de mémoire et

décrivit les pratiques des cuisiniers éthiopiens, qui font confire des coings dans du miel. Mais elle ne l'écoutait pas. Tout à coup elle l'interrompit :

— Seigneur, on dit que vous aimez la reine Candace, votre voisine. Ne me trompez pas : est-elle plus belle que moi?

— Plus belle, madame, s'écria Balthasar en tombant aux pieds de Balkis, est-il possible?...

La reine poursuivit :

— Ainsi! ses yeux? sa bouche? son teint? sa gorge?...

Balthasar étendit les bras vers elle et s'écria :

— Laissez-moi prendre la petite plume qui s'est posée sur votre cou et je vous donnerai la moitié de mon royaume avec le sage Sembobitis et l'eunuque Menkéra.

Mais elle se leva et s'enfuit en riant d'un rire clair.

Quand le mage et l'eunuque revinrent, ils trouvèrent leur maître dans une attitude pensive, qui ne lui était pas habituelle.

— Seigneur, n'auriez-vous conclu un bon traité de commerce? demanda Sembobitis.

Ce jour-là, Balthasar soupa avec la reine de Saba et but du vin de palmier.

— Il est donc vrai? lui dit Balkis, tandis qu'ils soupaient : la reine Candace n'est pas aussi belle que moi?

— La reine Candace est noire, répondit Balthasar.

Balkis regarda vivement Balthasar et dit :

— On peut être noir sans être laid.

— Balkis! s'écria le roi...

Il n'en dit pas davantage. L'ayant saisie dans ses bras, il tenait renversé sous ses lèvres le front de la reine. Mais il vit qu'elle pleurait. Alors il lui parla tout bas d'une voix caressante, en chantant un peu, comme font les nourrices. Il l'appela sa petite fleur et sa petite étoile.

— Pourquoi pleurez-vous? lui dit-il. Et que faut-il faire pour que vous ne pleuriez plus? Si vous aviez quelque désir, faites-le-moi connaître et je le contenterai.

Elle ne pleurait plus et restait songeuse. Il la pressa longtemps de lui confier son désir.

Enfin elle lui dit :

— Je voudrais avoir peur.

Comme Balthasar semblait ne pas comprendre, elle lui expliqua que depuis longtemps elle avait envie de courir quelque danger inconnu, mais qu'elle ne pouvait pas, parce que les hommes et les dieux sabéens veillaient sur elle.

— Pourtant, ajouta-t-elle en soupirant, je voudrais sentir pendant la nuit le froid délicieux de l'épouvante pénétrer dans ma chair. Je voudrais sentir mes cheveux se dresser sur ma tête. Oh! ce serait si bon d'avoir peur!

Elle noua ses bras au cou du roi noir et dit de la voix d'un enfant qui supplie :

— Voici la nuit venue. Allons tous deux par la ville sous un déguisement. Voulez-vous?

Il voulut. Aussitôt elle courut à la fenêtre et regarda, à travers le treillis, sur la place publique.

— Un mendiant, dit-elle, est couché contre le mur du palais. Donnez-lui vos vêtements et demandez-lui en échange son turban en poil de chameau et l'étoffe grossière dont il se ceint les reins. Faites vite, je vais m'apprêter.

Et elle courut hors de la salle du banquet en frappant ses mains l'une contre l'autre pour marquer sa joie.

Balthasar quitta sa tunique de lin, brodée d'or, et ceignit le jupon du mendiant. Il avait l'air ainsi d'un véritable esclave. La reine reparut bientôt, vêtue de la robe bleue sans couture des femmes qui travaillent aux champs.

— Allons! dit-elle.

Et elle entraîna Balthasar par d'étroits corridors, jusqu'à une petite porte qui s'ouvrait sur les champs.

II

La nuit était noire. Balkis était toute petite dans la nuit.

Elle conduisit Balthasar dans un des cabarets où les crocheteurs et les portefaix de la ville s'assemblent avec des prostituées. Là, s'étant assis tous à une table, ils voyaient, à la lueur d'une lampe infecte, dans l'air épais, les brutes puantes qui se frappaient à coups de poing et à coups de couteau pour une femme ou pour une tasse de boisson fermentée, tandis que d'autres ronflaient, les poings fermés, sous les tables. Le cabaretier, couché sur des sacs, observait prudemment, du coin de l'œil, les rixes des buveurs.

Balkis, ayant vu des poissons salés qui pendaient aux solives du toit, dit à son compagnon :

— Je voudrais bien manger un de ces poissons, avec de l'oignon pilé.

Balthasar la fit servir. Quand elle eut mangé, il s'aperçut qu'il n'avait point emporté d'argent. Il en prit peu de souci et pensa sortir avec elle sans payer son écot. Mais le cabaretier leur barra le chemin, en les appelant vilain esclave et méchante ânesse. Balthasar l'abattit à terre d'un coup de poing. Plusieurs buveurs, le couteau levé, se jetèrent alors sur les deux inconnus. Mais le noir, s'étant armé d'un énorme pilon qui servait à piler les oignons d'Égypte, assomma deux de ses agresseurs et força les autres à reculer. Cependant il sentait la chaleur du corps de Balkis blottie contre lui ; c'est pourquoi il était invincible. Les amis du cabaretier, n'osant plus approcher, firent voler sur lui, du fond de la boutique, les jarres d'huiles, les tasses d'étain, les lampes allumées et même l'énorme marmite de bronze où cuisait un mouton tout entier. Cette marmite tomba avec un bruit horrible sur la tête de Balthasar, qui en eut le crâne fendu. Il resta un moment étonné, puis rassemblant ses forces, il renvoya la marmite avec tant de vigueur que le poids en fut décuplé. Au choc de l'airain se mêlèrent des hurlements inouïs et des râles de mort. Profitant de l'épouvante des survivants et craignant que Balkis ne reçût quelque blessure, il la prit dans ses bras et s'enfuit avec elle par des ruelles sombres et désertes. Le silence de la nuit enveloppait la terre, et les fugitifs entendaient décroître derrière eux les clameurs des buveurs et des femmes, qui les poursuivaient au hasard, dans l'ombre. Bientôt ils n'entendirent plus que le bruit léger des gouttes de sang qui tombaient une à une du front de Balthasar sur la gorge de Balkis.

— Je t'aime, murmura la reine.

Et la lune, sortant d'un nuage, fit voir au roi une lueur humide et blanche dans les yeux demi-clos de Balkis. Ils descendaient le lit desséché d'un torrent. Tout à coup, le pied de Balthasar glissa dans la mousse. Ils tombèrent tous deux embrassés. Ils crurent s'abîmer sans fin dans un néant délicieux et le monde des vivants cessa d'exister pour eux. Ils goûtaient encore l'oubli charmant du temps, du nombre et de l'espace, quand les gazelles vinrent, à l'aube, boire dans le creux des pierres.

A ce moment, des brigands qui passaient virent les deux amants couchés dans la mousse.

— Ils sont pauvres, se dirent ces brigands, mais nous les vendrons un grand prix, à cause de leur jeunesse et de leur beauté.

Alors ils s'approchèrent d'eux, les chargèrent de liens et, les ayant attachés à la queue d'un âne, ils poursuivirent leur chemin.

Le noir, enchaîné, proférait contre les brigands des menaces de mort. Mais Balkis, frissonnant dans l'air frais du matin, semblait sourire à quelque chose d'invisible.

Ils marchèrent dans d'affreuses solitudes jusqu'à ce que la chaleur du jour se fît sentir. Le soleil était déjà haut quand les brigands délièrent leurs prisonniers et, les faisant asseoir près d'eux à l'ombre d'un rocher, leur jetèrent un peu de pain moisi, que Balthasar dédaigna de ramasser, mais dont Balkis mangea avidement.

Elle riait. Et le chef des brigands lui ayant demandé pourquoi elle riait :

— Je ris, lui répondit-elle, à la pensée que je vous ferai tous pendre.

— Vraiment! s'écria le chef des brigands, voilà un propos étrange dans la bouche d'une laveuse d'écuelles comme toi, ma mie! C'est sans doute avec l'aide de ton galant noir que tu nous feras tous pendre?

En entendant ces paroles outrageantes, Balthasar entra dans une grande fureur; il se jeta sur le brigand et lui pressa le cou si fort qu'il l'étrangla presque.

Mais celui-ci lui enfonça son couteau dans le ventre jusqu'au manche. Le pauvre roi, roulant à terre, tourna vers Balkis un regard mourant qui s'éteignit presque aussitôt.

III

A ce moment, il se fit un grand bruit d'hommes, de chevaux et d'armes, et Balkis reconnut le brave Abner qui venait à la tête de sa garde délivrer sa reine, dont il avait appris dès la veille la disparition mystérieuse.

Il se prosterna trois fois aux pieds de Balkis et fit avancer près d'elle une litière préparée pour la recevoir. Cependant, les gardes liaient les mains des brigands. La reine se tourna vers le chef et lui dit avec douceur :

— Vous ne me reprocherez pas, mon ami, de vous avoir fait une vaine promesse, quand je vous ai dit que vous seriez pendu.

Le mage Sembobitis et l'eunuque Menkéra,

qui se tenaient aux côtés d'Abner, poussèrent de grands cris en voyant leur prince étendu à terre, immobile, un couteau planté dans le ventre. Ils le soulevèrent avec précaution. Sembobitis, qui excellait dans l'art de la médecine, vit qu'il respirait encore. Il fit un premier pansement, tandis que Menkéra essuyait l'écume qui souillait la bouche du roi. Ensuite ils le lièrent sur un cheval et le conduisirent doucement jusqu'au palais de la reine.

Balthasar resta pendant quinze jours en proie à un délire violent. Il parlait sans cesse de la marmite fumante et de la mousse du ravin, et il appelait Balkis à grands cris. Enfin, le seizième jour, ayant rouvert les yeux, il vit à son chevet Sembobitis et Menkéra, et il ne vit pas la reine.

— Où est-elle? Que fait-elle?

— Seigneur, répondit Menkéra, elle est enfermée avec le roi de Comagène.

— Ils conviennent, sans doute, d'échanger des marchandises, ajouta le sage Sembobitis. Mais ne vous troublez point ainsi, seigneur, car votre fièvre en redoublerait.

— Je veux la voir! s'écria Balthasar.

Et il s'élança vers l'appartement de la reine, sans que ni le vieillard ni l'eunuque pussent le retenir. Arrivé près de la chambre à coucher, il vit le roi de Comagène qui en sortait, tout couvert d'or et brillant comme un soleil.

Balkis, étendue sur un lit de pourpre, souriait, les yeux clos.

— Ma Balkis, ma Balkis! cria Balthasar.

Mais elle ne détournait pas la tête et elle semblait prolonger un songe.

Balthasar s'approcha et lui prit une main qu'elle retira brusquement.

— Que me voulez-vous? lui dit-elle.

— Vous le demandez! répondit le roi noir en fondant en larmes.

Elle tourna vers lui des yeux tranquilles et durs.

Il comprit qu'elle avait tout oublié et il lui rappela la nuit du torrent. Mais elle :

— Je ne sais, en vérité, ce que vous voulez dire, seigneur. Le vin de palmier ne vous vaut rien. Il faut que vous ayez rêvé.

— Quoi! s'écria le malheureux prince en se tordant les bras, tes baisers et le couteau dont j'ai gardé la marque, ce sont des rêves!...

Elle se leva; les pierreries de sa robe firent le bruit de la grêle et lancèrent des éclairs.

— Seigneur, dit-elle, voici l'heure où s'assemble mon conseil. Je n'ai pas le loisir d'éclaircir les songes de votre cerveau malade. Prenez du repos. Adieu !

Balthasar, se sentant défaillir, fit effort pour ne point montrer sa faiblesse à cette méchante femme et il courut dans sa chambre où il tomba évanoui, sa blessure rouverte.

IV

Il resta trois semaines insensible et comme mort, puis, s'étant ranimé le vingt-deuxième jour, il saisit la main de Sembobitis, qui le veillait en compagnie de Menkéra, et il s'écria en pleurant :

— Oh ! mes amis, que vous êtes heureux tous deux, l'un d'être vieux et l'autre d'être semblable aux vieillards !... Mais non ! il n'est pas de bonheur au monde, et tout y est mauvais, puisque l'amour est un mal et que Balkis est méchante.

— La sagesse rend heureux, répondit Sembobitis.

— J'en veux essayer, dit Balthasar. Mais

partons tout de suite pour l'Éthiopie. Et, comme il avait perdu ce qu'il aimait, il résolut de se consacrer à la sagesse et de devenir un mage. Si cette résolution ne lui donnait point de plaisir, du moins lui rendait-elle un peu de calme. Chaque soir, assis sur la terrasse de son palais, en compagnie du mage Sembobitis et de l'eunuque Menkéra, il contemplait les palmiers immobiles à l'horizon, ou bien il regardait, à la clarté de la lune, les crocodiles flotter sur le Nil comme des troncs d'arbres.

— On ne se lasse point d'admirer la nature, disait Sembobitis.

— Sans doute, répondait Balthasar. Mais il y a dans la nature quelque chose de plus beau que les palmiers et que les crocodiles.

Il parlait ainsi parce qu'il lui souvenait de Balkis.

Et Sembobitis, qui était vieux, disait :

— Il y a le phénomène des crues du Nil qui est admirable et que j'ai expliqué. L'homme est fait pour comprendre.

— Il est fait pour aimer, répondait Balthasar en soupirant. Il y a des choses qui ne s'expliquent pas.

— Lesquelles? demanda Sembobitis.

— La trahison d'une femme, répondit le roi.

Pourtant Balthasar, ayant résolu d'être un mage, fit construire une tour du haut de laquelle on découvrait plusieurs royaumes et tous les espaces du ciel. Cette tour était de brique et elle s'élevait au-dessus de toutes les autres tours. Elle ne fut pas construite en moins de deux ans, et Balthasar avait dépensé pour l'élever le trésor entier du roi son père. Chaque nuit il montait au faîte de cette tour et, là, il observait le ciel sous la direction du sage Sembobitis.

— Les figures du ciel sont les signes de nos destinées, lui disait Sembobitis.

Et il lui répondait :

— Il faut le reconnaître : ces signes sont obscurs. Mais, tandis que je les étudie, je ne pense pas à Balkis, et c'est un grand avantage.

Le mage lui enseignait, entre autres vérités utiles à connaître, que les étoiles sont fixées comme des clous dans la voûte du ciel et qu'il y a cinq planètes, savoir : Bel, Mérodach et Nébo, qui sont mâles ; Sin et Mylitta, qui sont femelles.

— L'argent, lui disait-il encore, correspond à Sin, qui est la lune, le fer à Mérodach, l'étain à Bel.

Et le bon Balthasar disait :

— Voilà des connaissances que je veux acquérir. Pendant que j'étudie l'astronomie, je ne pense ni à Balkis, ni à quoi que ce soit au monde. Les sciences sont bienfaisantes : elles empêchent les hommes de penser. Sembobitis, enseigne-moi les connaissances qui détruisent le sentiment chez les hommes, et je t'élèverai en honneurs parmi mon peuple.

C'est pourquoi Sembobitis enseigna la sagesse au roi.

Il lui apprit l'apotélesmatique, d'après les principes d'Astrampsychos, de Gobryas et de Pazatas. Balthasar, à mesure qu'il observait les douze maisons du soleil, songeait moins à Balkis.

Menkéra, qui s'en aperçut, en conçut une grande joie.

— Avouez, seigneur, dit-il un jour, que la reine Balkis cachait sous sa robe d'or des pieds fourchus comme en ont les chèvres.

— Qui t'a conté une pareille sottise? demanda le roi.

— C'est la créance publique, seigneur, en Saba, comme en Éthiopie, répondit l'eunuque. Chacun y dit couramment que la reine Balkis a la jambe velue et le pied fait de deux cornes noires.

Balthasar haussa les épaules. Il savait que les jambes et les pieds de Balkis étaient faits comme les pieds et les jambes des autres femmes et parfaitement beaux. Pourtant cette idée lui gâta le souvenir de celle qu'il avait tant aimée. Il fit comme un grief à Balkis de ce que sa beauté n'était pas sans offense dans l'imagination de ceux qui l'ignoraient. A la pensée qu'il avait possédé une femme, bien faite en réalité, mais qui passait pour monstrueuse, il éprouva un véritable malaise et il ne désira plus revoir Balkis. Balthasar avait l'âme simple; mais l'amour est toujours un sentiment très compliqué.

A compter de ce jour, le roi fit de grands progrès en magie et en astrologie. Il était extrêmement attentif aux conjonctions des astres et il tirait les horoscopes aussi exactement que le sage Sembobitis lui-même.

— Sembobitis, disait-il, réponds-tu sur ta tête de la vérité de mes horoscopes?

Et le sage Sembobitis répondait :

— Seigneur, la science est infaillible; mais les savants se trompent toujours.

Balthasar avait un beau génie naturel. Il disait :

— Il n'y a de vrai que ce qui est divin et le divin nous est caché. Nous cherchons vainement la vérité. Pourtant voici que j'ai découvert une étoile nouvelle dans le ciel. Elle est belle, elle semble vivante et, quand elle scintille, on dirait un œil céleste qui cligne avec douceur. Je crois l'entendre qui m'appelle. Heureux, heureux, heureux, qui naîtra sous cette étoile ! Sembobitis, vois quel regard nous jette cet astre charmant et magnifique.

Mais Sembobitis ne vit pas l'étoile parce qu'il ne voulait pas la voir. Savant et vieux, il n'aimait pas les nouveautés.

Et Balthasar répétait seul dans le silence de la nuit :

— Heureux, heureux, heureux, qui naîtra sous cette étoile !

V

Or, le bruit s'était répandu dans toute l'Éthiopie et dans les royaumes voisins que le roi Balthasar n'avait plus d'amour pour Balkis.

Quand la nouvelle en parvint au pays des Sabéens, Balkis s'indigna comme si elle était trahie. Elle courut vers le roi de Comagène qui oubliait son empire dans la ville de Saba, et elle lui cria :

— Mon ami, savez-vous ce que je viens d'apprendre? Balthasar ne m'aime plus.

— Qu'importe! répondit en souriant le roi de Comagène, puisque nous nous aimons.

— Mais vous ne sentez donc pas l'affront que ce noir me fait?

— Non, répondit le roi de Comagène, je ne le sens pas.

Elle le chassa ignominieusement et ordonna à son grand vizir de tout préparer pour un voyage en Éthiopie.

— Nous partons cette nuit même, dit-elle. Je te fais couper la tête si tout n'est pas prêt avant le coucher du soleil.

Puis, quand elle fut seule, elle se mit à sangloter.

— Je l'aime! Il ne m'aime plus, et je l'aime! soupirait-elle dans la sincérité de son cœur.

Or, une nuit qu'il était sur sa tour, pour observer l'étoile miraculeuse, Balthasar, abaissant le regard vers la terre, vit une longue file noire qui serpentait au loin sur le sable du désert comme une armée de fourmis. Peu à peu, ce qui semblait des fourmis grandit et devint assez net pour que le roi reconnût des chevaux, des chameaux et des éléphants.

La caravane s'étant approchée de la ville, Balthasar distingua les cimeterres luisants et les chevaux noirs des gardes de la reine de Saba. Il la reconnut elle-même. Et il fut saisi d'un grand trouble. Il sentit qu'il allait l'aimer encore. L'étoile brillait au zénith d'un éclat merveilleux. En bas, Balkis, couchée dans une litière de pourpre et d'or, était petite et brillante comme l'étoile.

Balthasar se sentait attiré vers elle par une force terrible. Pourtant, il détourna la tête en un effort désespéré et, levant les yeux, il revit l'étoile. Alors l'étoile parla et dit :

« Gloire à Dieu dans les cieux et paix sur la terre aux hommes de bonne volonté !

» Prends une mesure de myrrhe, doux roi Balthasar, et suis-moi. Je te conduirai aux pieds du petit enfant qui vient de naître dans une étable, entre l'âne et le bœuf.

» Et ce petit enfant est le roi des rois. Il consolera ceux qui veulent être consolés.

» Il t'appelle à lui, ô toi, Balthasar, dont l'âme est aussi obscure que le visage, mais dont le cœur est simple comme celui d'un enfant.

» Il t'a choisi parce que tu as souffert, et il te donnera la richesse, la joie et l'amour.

» Il te dira : Sois pauvre avec allégresse; c'est là la richesse véritable. Il te dira encore : La véritable joie est dans le renoncement à la joie. Aime-moi, et n'aime les créatures qu'en moi, car seul je suis l'amour. »

A ces mots, une paix divine se répandit comme une lumière sur le visage sombre du roi.

Balthasar, ravi, écoutait l'étoile. Et il se sentait devenir un homme nouveau. Sembobitis et Menkéra, prosternés le front contre la pierre, adoraient à son côté.

La reine Balkis observait Balthasar. Elle comprit qu'il n'y aurait plus jamais d'amour pour elle dans ce cœur rempli par l'amour divin. Elle pâlit de dépit et donna l'ordre à la caravane de retourner immédiatement au pays de Saba.

Quand l'étoile eut cessé de parler, le roi et ses deux compagnons descendirent de la tour. Puis, ayant préparé une mesure de myrrhe, ils formèrent une caravane et s'en allèrent où les conduisait l'étoile. Ils voyagèrent longtemps par des contrées inconnues, et l'étoile marchait devant eux.

Un jour, se trouvant à un endroit où trois chemins se rencontraient, ils virent deux rois qui s'avançaient avec une suite nombreuse. L'un était jeune et blanc de visage. Il salua Balthasar et lui dit :

— Je me nomme Gaspar, je suis roi et je vais porter de l'or en présent à l'enfant qui vient de naître dans Bethléem de Juda.

Le second roi s'avança à son tour. C'était un vieillard dont la barbe blanche couvrait la poitrine.

— Je me nomme Melchior, dit-il, je suis roi et je vais porter de l'encens à l'enfant divin qui vient enseigner la vérité aux hommes.

— J'y vais comme vous, répondit Balthasar; j'ai vaincu ma luxure, c'est pourquoi l'étoile m'a parlé.

— Moi, dit Melchior, j'ai vaincu mon orgueil, et c'est pourquoi j'ai été appelé.

— Moi, dit Gaspar, j'ai vaincu ma cruauté, c'est pourquoi je vais avec vous.

Et les trois mages continuèrent ensemble leur voyage. L'étoile qu'ils avaient vue en Orient les précédait jusqu'à ce que, venant au-dessus du lieu où était l'enfant, elle s'y arrêta.

Or, en voyant l'étoile s'arrêter, ils se réjouirent d'une grande joie.

Et, entrant dans la maison, ils trouvèrent l'enfant avec Marie, sa mère, et, se prosternant, ils l'adorèrent. Et, ouvrant leurs trésors, ils lui offrirent de l'or, de l'encens et de la myrrhe, ainsi qu'il est dit dans l'Évangile.

LE RESÉDA DU CURÉ

A Jules Lemaître.

LE RÉSÉDA DU CURÉ

J'ai connu jadis, dans un village du Bocage, un saint homme de curé qui se refusait toute sensualité, pratiquait le renoncement avec allégresse et ne connaissait de joie que celle du sacrifice. Il cultivait dans son jardin des arbres fruitiers, des légumes et des plantes médicinales. Mais, craignant la beauté jusque dans les fleurs, il ne voulait ni roses ni jasmin. Il se permettait seulement l'innocente vanité de quelques pieds de réséda, dont la tige tortueuse, si humblement fleurie, n'attirait point son regard quand il lisait son bréviaire entre ses carrés de choux, sous le ciel du bon Dieu. Le saint homme se défiait si peu de son réséda que, bien souvent, en passant, il en cueillait un brin et le respirait longtemps. Cette plante ne demande qu'à croître. Une branche coupée en fait renaître quatre. Si bien que, le diable aidant, le réséda du curé en vint à couvrir un vaste carré du jardin. Il débordait sur l'allée et tirait au passage par sa soutane le bon prêtre qui, distrait par cette plante folle, s'arrêtait vingt fois l'heure de lire ou de prier. Du printemps à l'automne, le presbytère fut tout embaumé de réséda.

Voyez ce que c'est que de nous, et combien nous sommes fragiles! On a raison de dire qu'une inclination naturelle nous porte tous au péché. L'homme de Dieu avait su garder ses yeux; mais il avait laissé ses narines sans défense, et voilà que le démon le tenait par le nez. Ce saint respirait maintenant l'odeur du réséda avec sensualité et concupiscence, c'est-à-dire avec ce mauvais instinct qui nous fait désirer la jouissance des biens sensibles et nous induit en toutes sortes de tentations. Il goûtait dès lors avec moins d'ardeur les odeurs du ciel et les parfums de Marie; sa sainteté en était diminuée, et il serait peut-être tombé dans la mollesse, son âme serait devenue peu à peu semblable à ces âmes tièdes que le ciel vomit, sans un secours qui lui vint à point. Jadis, dans la Thébaïde, un ange vola à un ermite la coupe d'or par laquelle le saint homme tenait encore aux vanités de ce monde. Pareille grâce fut faite au curé du Bocage. Une poule blanche gratta tant et si bien la terre au pied du réséda, qu'elle le fit tout mourir. On ignore d'où venait cet oiseau. Pour moi, j'incline à croire que l'ange qui déroba, dans le désert, la coupe de l'ermite se changea en poule blanche pour détruire l'obstacle qui barrait au bon prêtre le chemin de la perfection.

M. PIGEONNEAU

A Gilbert Augustin-Thierry.

M. PIGEONNEAU

J'ai voué, comme on sait, ma vie entière à l'archéologie égyptienne. Je serais bien ingrat envers la patrie, la science et moi-même, si je regrettais d'avoir été appelé, dès ma jeunesse, dans la voie que je suis avec honneur depuis quarante ans. Mes travaux n'ont pas été stériles. Je dirai, sans me flatter, que mon *Mémoire sur un manche de miroir égyptien, du musée du Louvre,* peut encore être consulté avec fruit, bien qu'il date de mes débuts. Quant à l'étude assez volumineuse que j'ai consacrée postérieurement à l'un des poids de bronze trouvés, en 1851, dans les fouilles du Sérapéon, j'aurais mauvaise grâce à n'en penser aucun bien, puisqu'elle m'ouvrit les portes de l'Institut.

Encouragé par l'accueil flatteur que mes recherches en ce sens avaient reçu de plusieurs de mes nouveaux collègues, je fus tenté, un moment, d'embrasser dans un travail d'ensemble les poids et mesures en usage à Alexandrie sous le règne de Ptolémée Aulète (80-52). Mais je reconnus bientôt qu'un sujet si général ne peut être traité par un véritable érudit, et que la science sérieuse ne saurait l'aborder sans risquer de se compromettre dans toutes sortes d'aventures. Je sentis qu'en considérant plusieurs objets à la fois, je sortais des principes fondamentaux de l'archéologie. Si je confesse aujourd'hui mon erreur, si j'avoue l'enthousiasme inconcevable que m'inspira une conception tout à fait démesurée, je le fais dans l'intérêt des jeunes gens, qui apprendront, sur mon exemple, à vaincre l'imagination. Elle est notre plus cruelle ennemie. Tout savant qui n'a pas réussi à l'étouffer en lui est à jamais perdu pour l'érudition. Je frémis encore à la pensée des abîmes dans lesquels mon esprit aventureux allait me précipiter. J'étais à deux doigts de ce qu'on appelle l'histoire. Quelle chute! J'allais tomber dans l'art. Car l'histoire n'est qu'un art, ou tout au plus une fausse science. Qui ne sait aujourd'hui que les historiens ont précédé les archéologues, comme les astrologues ont précédé les astronomes, comme les alchimistes ont précédé les chimistes, comme les singes ont précédé les hommes? Dieu merci! j'en fus quitte pour la peur.

Mon troisième ouvrage, je me hâte de le dire, était sagement conçu. C'était un mémoire intitulé : *De la toilette d'une dame égyptienne, dans le moyen empire, d'après une peinture inédite.* Je traitai le sujet de façon à ne point m'égarer. Je n'y introduisis pas une seule idée générale. Je me gardai de ces considérations, de ces rapprochements et de ces vues dont certains de mes collègues gâtent l'exposé des plus belles découvertes. Pourquoi fallut-il qu'une œuvre si saine eût une destinée si bizarre? Par quel jeu du sort devait-elle être pour mon esprit la cause des égarements les plus monstrueux? Mais n'anticipons pas sur les faits et ne brouillons point les dates. Mon mémoire fut désigné pour être lu dans une séance publique des cinq académies, honneur d'autant plus précieux qu'il échoit rarement à des productions d'un tel caractère. Ces réunions académiques sont très suivies depuis quelques années par les gens du monde.

Le jour où je fis ma lecture, la salle était envahie par un public d'élite. Les femmes s'y trouvaient en grand nombre. De jolis visages et d'élégantes toilettes brillaient dans les tribunes. Ma lecture fut écoutée avec respect. Elle ne fut pas coupée par ces manifestations irréfléchies et bruyantes que soulèvent naturellement les morceaux littéraires. Non; le public garda une attitude mieux en harmonie avec la nature de l'œuvre qui lui était présentée. Il se montra sérieux et grave.

Comme, pour mieux détacher les pensées, je mettais des pauses entre les phrases, j'eus le loisir d'examiner attentivement par-dessus mes lunettes la salle entière. Je puis dire qu'on ne voyait point errer des sourires légers sur les lèvres. Loin de là! Les plus frais visages prenaient une expression austère. Il semblait que j'eusse mûri tous les esprits par enchantement. Çà et là, tandis que je lisais, des jeunes gens chuchotaient à l'oreille de leur voisine. Ils l'entretenaient sans doute de quelque point spécial traité dans mon mémoire.

Bien plus! une belle personne de vingt-deux à vingt-quatre ans, assise à l'angle gauche de la tribune du Nord, tendait l'oreille et prenait des notes. Son visage présentait une finesse de traits et une mobilité d'expression vraiment remarquables. L'attention qu'elle prêtait à ma parole ajoutait au charme de sa physionomie étrange. Elle n'était pas seule. Un homme grand et robuste, portant, comme les rois assyriens, une longue barbe bouclée et de longs cheveux noirs, se tenait près d'elle et lui adressait de temps en temps la parole à voix basse. Mon attention, partagée d'abord entre tout mon public, se concentra peu à peu sur cette jeune femme. Elle m'inspirait, je l'avoue, un intérêt que certains de mes collègues pourront considérer comme indigne du caractère scientifique qui est le mien, mais j'affirme qu'ils n'auraient pas été plus indifférents que moi s'ils s'étaient trouvés à pareille fête. A mesure que je parlais, elle griffonnait sur un petit carnet de poche; visiblement elle passait, en écoutant mon mémoire, par les sentiments les plus contraires, depuis le contentement et la joie jusqu'à la surprise et même l'inquiétude. Je l'examinais avec une curiosité croissante. Plût à Dieu que je n'eusse plus regardé qu'elle, ce jour-là, sous la coupole !

J'avais presque terminé ; il ne me restait que vingt-cinq ou trente pages tout au plus à lire, quand mes yeux rencontrèrent tout à coup ceux de l'homme à la barbe assyrienne. Comment vous expliquer ce qui se passa alors, puisque je ne le conçois pas moi-même? Tout ce que je puis dire, c'est que le regard de ce personnage me jeta instantanément dans un trouble inconcevable. Les prunelles qui me regardaient étaient fixes et verdâtres. Je ne pus en détourner les miennes. Je restai muet, le nez en l'air! Comme je me taisais, on applaudit. Le silence s'étant rétabli, je voulus reprendre ma lecture. Mais, malgré le plus violent effort, je ne parvins pas à arracher mes regards des deux vivantes lumières auxquelles ils étaient mystérieusement rivés. Ce n'est pas tout. Par un phénomène plus inconcevable encore, je me jetai, contrairement à l'usage de toute ma vie, dans une improvisation. Dieu sait si celle-là fut involontaire! Sous l'influence d'une force étrangère, inconnue, irrésistible, je récitai avec élégance et chaleur des considérations philosophiques sur la toilette des femmes à travers les âges; je généralisai, je poétisai, je parlai, Dieu me pardonne! de l'éternel féminin et du désir errant comme un souffle autour des voiles parfumés dont la femme sait parer sa beauté.

L'homme à la barbe assyrienne ne cessait de me regarder fixement. Et je parlais. Enfin il baissa les yeux et je me tus. Il m'est pénible d'ajouter que ce morceau, aussi étranger à ma propre inspiration que contraire à l'esprit scientifique, fut couvert d'applaudissements enthousiastes. La jeune femme de la tribune du Nord battait des mains et souriait.

Je fus remplacé au pupitre par un membre de l'Académie française, visiblement contrarié d'avoir à se faire entendre après moi. Ses craintes étaient peut-être exagérées. La pièce qu'il lut fut écoutée sans trop d'impatience. J'ai bien cru m'apercevoir qu'elle était en vers.

La séance ayant été levée, je quittai la salle en compagnie de plusieurs de mes confrères, qui me renouvelèrent des félicitations à la sincérité desquelles je veux croire.

M'étant arrêté un moment sur le quai, auprès des lions du Creusot, pour échanger quelques poignées de main, je vis l'homme à la barbe assyrienne et sa belle compagne monter en coupé. Je me trouvai alors, par hasard, au côté d'un éloquent philosophe qu'on dit aussi versé dans les éloquences mondaines que dans les théories cosmiques. La jeune femme, passant à travers la portière sa tête fine et sa petite main, l'appela par son nom, et lui dit avec un léger accent anglais :

— Très cher, vous m'oubliez, c'est mal !

Quand le coupé se fut éloigné, je demandai à mon illustre confrère qui étaient cette charmante personne et son compagnon.

— Quoi ! me répondit-il, vous ne connaissez pas miss Morgan et son médecin Daoud, qui traite toutes les maladies par le magnétisme, l'hypnotisme et la suggestion. Annie Morgan est la fille du plus riche négociant de Chicago. Elle est venue à Paris avec sa mère, il y a deux ans, et elle a fait construire un hôtel merveilleux sur l'avenue de l'Impératrice. C'est une personne très instruite et d'une intelligence remarquable.

— Vous ne me surprenez pas, répondis-je. J'avais déjà quelque raison de croire que cette Américaine est d'un esprit très sérieux.

Mon brillant confrère sourit en me serrant la main.

Je regagnai à pied la rue Saint-Jacques, où j'habite depuis trente ans un modeste logis du haut duquel je découvre la cime des arbres du Luxembourg, et je m'assis à ma table de travail.

J'y restai trois jours assidu, en face d'une statuette représentant la déesse Pacht avec sa tête de chat. Ce petit monument porte une inscription mal comprise par M. Grébault. J'en préparai une bonne lecture avec commentaire. Mon aventure de l'Institut me laissait une impression moins vive qu'on n'aurait pu craindre. Je n'en étais point troublé outre mesure. A dire vrai, je l'avais même un peu oubliée, et il a fallu des circonstances nouvelles pour m'en raviver le souvenir.

J'eus donc le loisir de mener à bien, pendant ces trois jours, ma lecture et mon commentaire. Je n'interrompais mon labeur archéologique que pour lire les journaux, tout remplis de mes louanges. Les feuilles les plus étrangères à l'érudition parlaient avec éloge du « charmant morceau » qui terminait mon mémoire. « C'est une révélation, disaient-elles, et M. Pigeonneau nous a ménagé la plus agréable surprise. » Je ne sais pourquoi je rapporte de semblables bagatelles, car je reste tout à fait indifférent à ce qu'on dit de moi dans la presse.

Or, j'étais renfermé dans mon cabinet depuis trois jours quand un coup de sonnette me fit tressaillir. La secousse imprimée au cordon avait quelque chose d'impérieux, de fantasque et d'inconnu, qui me troubla, et c'est avec une véritable anxiété que j'allai moi-même ouvrir la porte. Qui trouvai-je sur le palier? La jeune Américaine naguère si attentive à la lecture de mon mémoire, miss Morgan en personne.

— Monsieur Pigeonneau !

— C'est moi-même.

— Je vous reconnais bien, quoique vous n'ayez plus votre bel habit à palmes vertes. Mais, de grâce, n'allez pas le mettre pour moi. Je vous aime beaucoup mieux avec votre robe de chambre.

Je la fis entrer dans mon cabinet. Elle jeta un regard curieux sur les papyrus, les estampages et les figurations de toute sorte qui le tapissent jusqu'au plafond, puis elle considéra quelque temps en silence la déesse Pacht, qui était sur ma table. Enfin :

— Elle est charmante, me dit-elle.

— Vous voulez parler, mademoiselle, de ce

petit monument? Il présente en effet une particularité épigraphique assez curieuse. Mais pourrai-je savoir ce qui me vaut l'honneur de votre visite?

— Oh! me répondit-elle, je me moque des particularités épigraphiques. Elle a une figure de chatte d'une finesse exquise. Vous ne doutez pas que ce ne soit une vraie déesse, n'est-ce pas, monsieur Pigeonneau?

Je me défendis contre ce soupçon injurieux.

— Pareille croyance, dis-je, serait du fétichisme.

Elle me regarda avec surprise de ses grands yeux verts.

— Ah! vous n'êtes pas fétichiste. Je ne croyais pas qu'on pût être archéologue sans être fétichiste. Comment Pacht peut-elle vous intéresser si vous ne croyez pas que c'est une déesse? Mais laissons cela. Je suis venue vous voir, monsieur Pigeonneau, pour une affaire très importante.

— Très importante?

— Oui, pour un costume. Regardez-moi.

— Avec plaisir.

— Est-ce que vous ne trouvez pas que j'ai

4

dans le profil certains caractères de la race kouschite?

Je ne savais que répondre. Un semblable entretien sortait tout à fait de mes habitudes. Elle reprit :

— Oh! ce n'est pas étonnant. Je me rappelle avoir été Égyptienne. Et vous, monsieur Pigeonneau, avez-vous été Égyptien? Vous ne vous souvenez pas? C'est étrange. Vous ne doutez pas, du moins, que nous ne passions par une série d'incarnations successives?

— Je ne sais, mademoiselle.

— Vous me surprenez, monsieur Pigeonneau.

— M'apprendrez-vous, mademoiselle, ce qui me vaut l'honneur ?...

—C'est vrai, je ne vous ai pas encore dit que je venais vous prier de m'aider à composer un costume égyptien pour le bal costumé de la comtesse N***. Je veux un costume d'une vérité exacte et d'une beauté stupéfiante. J'y ai déjà beaucoup travaillé, monsieur Pigeonneau. J'ai consulté mes souvenirs, car je me rappelle fort bien avoir vécu à Thèbes il y a six mille ans. J'ai fait venir des dessins de Londres, de Boulaq et de New-York.

— C'était plus sûr.

— Non! Rien n'est plus sûr que la révélation intérieure. J'ai étudié aussi le musée égyptien du Louvre. Il est plein de choses ravissantes! Des formes grêles et pures, des profils d'une finesse aiguë, des femmes qui ont l'air de fleurs, avec je ne sais quoi de raide et de souple à la fois! Et un dieu Bès qui ressemble à Sarcey! Mon Dieu! que tout cela est joli!

— Mademoiselle, je ne sais pas bien encore...

— Ce n'est pas tout. Je suis allée entendre votre mémoire sur la toilette d'une femme du moyen empire et j'ai pris des notes. Il était un peu dur, votre mémoire! Mais je l'ai pioché ferme. Avec tous ces documents j'ai composé un costume. Il n'est pas encore tout à fait bien. Je viens vous prier de me le corriger. Venez demain chez moi, cher monsieur. Faites cela pour l'amour de l'Égypte. C'est entendu. A demain! Je vous quitte vite. Maman m'attend dans la voiture.

En prononçant ces derniers mots, elle s'était envolée; je la suivis. Quand j'atteignis l'antichambre, elle était déjà au bas de l'escalier, d'où montait sa voix claire :

— A demain! avenue du Bois-de-Boulogne, au coin de la villa Saïd.

— Je n'irai point chez cette folle, me dis-je.

Le lendemain, à quatre heures, je sonnais à la porte de son hôtel. Un laquais m'introduisit dans un immense hall vitré où s'entassaient des tableaux, des statues de marbre ou de bronze; des chaises à porteur en vernis Martin chargées de porcelaines; des momies péruviennes; douze mannequins d'hommes et de chevaux couverts d'armures, que dominaient de leur haute taille un cavalier polonais portant au dos des ailes blanches et un chevalier français en costume de tournoi, le casque surmonté d'une tête de femme en hennin, peinte et voilée. Tout un bois de palmiers en caisse s'élevait dans cette salle, au centre de laquelle siégeait un gigantesque Bouddha d'or. Au pied du dieu, une vieille femme, sordidement vêtue, lisait la Bible. J'étais encore ébloui par tant de merveilles quand mademoiselle Morgan, soulevant une portière de drap pourpre, m'apparut en peignoir blanc, garni de cygne. Elle s'avança vers moi. Deux grands danois à long museau la suivaient.

— Je savais bien que vous viendriez, monsieur Pigeonneau.

Je balbutiai un compliment :

— Comment refuser à une si charmante personne ?

— Oh ! ce n'est pas parce que je suis jolie qu'on ne me refuse rien. Mais j'ai des secrets pour me faire obéir.

Puis, me désignant la vieille dame qui lisait la Bible :

— Ne faites pas attention, c'est maman. Je ne vous présente pas. Si vous lui parliez, elle ne pourrait pas vous répondre ; elle est d'une secte religieuse qui interdit les paroles vaines. C'est une secte de la dernière nouveauté. Les adhérents s'habillent d'un sac et mangent dans des écuelles de bois. Maman se plaît beaucoup à ces pratiques. Mais vous concevez que je ne vous ai pas fait venir pour vous parler de maman. Je vais mettre mon costume égyptien. Ce ne sera pas long. Regardez, en attendant, ces petites choses.

Et elle me fit asseoir devant une armoire qui contenait un cercueil de momie, plusieurs statuettes du moyen empire, des scarabées et quelques fragments d'un beau rituel funéraire.

Resté seul, j'examinai ce papyrus avec d'autant plus d'intérêt qu'il porte un nom que j'avais déjà lu sur un cachet. C'est le nom d'un scribe du roi Séti Ier. Je me mis aussitôt à relever diverses particularités intéressantes du document. J'étais plongé dans ce travail depuis un temps que je ne saurais mesurer avec exactitude, quand je fus averti par une sorte d'instinct que quelqu'un se tenait derrière moi. Je me retournai et je vis une merveilleuse créature coiffée d'un épervier d'or, et prise dans une gaine étroite, toute blanche, qui révélait l'adorable et chaste jeunesse de son corps. Sur cette gaine, une légère tunique rose, serrée à la taille par une ceinture de pierreries, descendait en s'écartant et faisait des plis symétriques. Les bras, les pieds étaient nus et chargés de bagues.

Elle se montrait à moi de face en tournant la tête sur son épaule droite dans une attitude hiératique qui donnait à sa délicieuse beauté je ne sais quoi de divin.

— Quoi! m'écriai-je, c'est vous, miss Morgan?

— A moins que ce ne soit Néférou-Ra en

personne. Vous savez, la Néférou-Ra de Leconte
de Lisle, la Beauté du Soleil?...

> Voici qu'elle languit sur son lit virginal,
> Très pâle, enveloppée avec des fines toiles.

» Mais non, vous ne savez pas! vous ne savez
pas de vers. C'est pourtant joli les vers!...
Allons, travaillons.

Ayant maîtrisé mon émotion, je fis à cette
charmante personne quelques remarques sur
son ravissant costume. J'osai en contester plusieurs détails comme s'éloignant de l'exactitude
archéologique. Je proposai de remplacer, au
chaton des bagues, certaines pierres par d'autres
d'un usage plus constant dans le moyen empire.
Enfin, je m'opposai décidément au maintien
d'une agrafe en émail cloisonné. En effet, ce
bijou constituait un odieux anachronisme. Nous
convînmes d'y substituer une plaque de pierres
précieuses serties dans de minces alvéoles d'or.
Elle m'écouta avec une docilité extrême et se
montra satisfaite de moi jusqu'à vouloir me
retenir à dîner. Je m'excusai sur la régularité
de mes habitudes et la frugalité de mon régime,
et je pris congé.

J'étais déjà dans l'antichambre quand elle me cria :

— Hein? est-il assez nitide, mon costume? N'est-ce pas qu'au bal de la comtesse N***, je ferai bisquer les autres femmes?

Je fus choqué d'un tel propos. Mais, m'étant retourné vers elle, je la revis et je retombai sous le charme.

Elle me rappela.

— Monsieur Pigeonneau, vous êtes un aimable homme. Faites-moi un petit conte, et je vous aimerai beaucoup, beaucoup, beaucoup.

— Je ne saurais, lui répondis-je.

Elle haussa ses belles épaules, et s'écria :

— De quelle utilité serait donc la science, si elle ne servait à faire des contes? Vous me ferez un conte, monsieur Pigeonneau.

Ne jugeant point utile de renouveler mon refus absolu, je me retirai sans rien répondre.

Je me croisai à la porte avec cet homme à la barbe assyrienne, le docteur Daoud, dont le regard m'avait si étrangement troublé sous la coupole de l'Institut. Il me fit l'effet d'un homme des plus vulgaires et sa rencontre me fut pénible.

Le bal de la comtesse N*** eut lieu quinze jours environ après ma visite. Je ne fus point surpris de lire dans les journaux que la belle miss Morgan y avait fait sensation dans le costume de Néférou-Ra.

Je n'entendis plus parler d'elle tout le reste de l'année 1886. Mais, le premier jour du nouvel an, comme j'écrivais dans mon cabinet, un valet m'apporta une lettre et un panier.

— De la part de miss Morgan, me dit-il.
Et il se retira.

Le panier étant posé sur ma table, il en sortit un miaulement. Je l'ouvris ; un petit chat gris s'en échappa.

Ce n'était pas un angora. C'était un chat d'une espèce orientale plus svelte que les nôtres, et fort ressemblant, autant que j'en pus juger, à ceux de ses congénères dont on trouve en si grand nombre, dans les hypogées de Thèbes, les momies enveloppées de bandelettes grossières. Il se secoua, regarda autour de lui, fit le gros dos, bâilla, puis s'alla frotter en ronronnant contre la déesse Pacht, qui élevait sur ma table sa taille pure et son fin museau. Bien que de couleur sombre et de pelage ras, il était gracieux. Il semblait intelligent et se montrait aussi peu sauvage que possible. Je ne pouvais concevoir les raisons d'un si bizarre présent. La lettre de miss Morgan ne m'instruisit pas beaucoup à cet égard. Elle était ainsi conçue :

« Cher monsieur,

» Je vous envoie un petit chat que le docteur Daoud a rapporté d'Égypte et que j'aime beaucoup. Traitez-le bien par amour pour moi. Baudelaire, le plus grand poète français après Stéphane Mallarmé, a dit :

Les amoureux fervents et les savants austères
Aiment également, dans leur mûre saison,
Les chats puissants et doux, orgueil de la maison,
Qui comme eux sont frileux et comme eux sédentaires.

» Je n'ai pas besoin de vous rappeler que vous *devez* me faire un conte. Vous me l'apporterez le jour des Rois. Nous dînerons ensemble.

» ANNIE MORGAN.

» *P.-S.* — Votre petit chat se nomme Porou. »

Après avoir lu cette lettre, je regardai Porou qui, debout sur ses pattes de derrière, léchait le museau noir de Pacht, sa sœur divine. Il me regarda, et je dois dire que, de nous deux, ce n'était pas lui le plus étonné.

Je me demandais en moi-même :

« Qu'est-ce que cela veut dire ? »

Mais je renonçai bientôt à y rien comprendre. Je suis bien bon, me dis-je, de chercher un sens aux folies d'une jeune détraquée. Travaillons. Quant à ce petit animal, madame Magloire, ma gouvernante, pourvoira à ses besoins. Je me remis à un travail de chronologie d'autant plus intéressant pour moi que j'y malmène quelque peu mon éminent confrère, M. Maspéro. Porou ne quitta pas ma table. Assis sur son derrière, les oreilles droites, il me regardait écrire. Chose incroyable, je ne fis rien de bon ce jour-là. Mes idées se brouillaient ; il me venait à l'esprit des bribes de chansons et des lambeaux de contes bleus. J'allai me coucher assez mécontent de moi. Le lendemain je retrouvai Porou assis sur ma table et se léchant la patte. Ce jour-là encore, je travaillai mal ; Porou et moi nous passâmes le plus clair des heures à nous regarder. Le lendemain alla de même et le surlendemain, bref, toute la semaine. J'aurais dû m'en affliger ; mais il faut confesser que peu à peu je prenais mon mal en patience et même en gaieté. La rapidité avec laquelle un honnête homme se déprave est quelque chose d'effrayant. Le dimanche de l'Épiphanie, je me levai tout joyeux et je courus à ma table, où Porou m'avait précédé selon sa coutume. Je pris un beau cahier de papier blanc, je trempai ma plume dans l'encre et j'écrivis en grandes lettres, sous le regard de mon nouvel ami : *Mésaventures d'un commissionnaire borgne.* Puis, sans que mes yeux quittassent le regard de Porou, j'écrivis tout le jour, avec une prodigieuse rapidité, un récit d'aventures si merveilleuses, si plaisantes, si diverses, que j'en étais moi-même tout égayé. Mon crocheteur borgne se trompait de fardeaux et commettait les méprises les plus comiques. Des amoureux placés dans une situation critique recevaient de lui, sans qu'il s'en doutât, un secours imprévu. Il transportait des armoires avec des hommes cachés dedans. Et ceux-ci, introduits dans un nouveau domicile, effrayaient des vieilles dames. Mais comment analyser un conte si joyeux? Vingt fois j'éclatai de rire en l'écrivant. Si Porou, lui, ne riait pas, son air grave était aussi plaisant que les mines les plus hilares. Il était sept heures du soir quand je traçai la dernière ligne de cet aimable ouvrage. Depuis une heure, la chambre n'était éclairée que par les yeux phosphorescents de Porou. J'avais écrit aussi facilement dans l'obscurité que je l'eusse pu faire à la clarté d'une bonne lampe. Mon conte une fois terminé, je m'habillai; je mis mon habit noir et ma cravate blanche, puis prenant congé de Porou, je descendis rapidement mon escalier et m'élançai dans la rue. Je n'y avais pas fait vingt pas que je me sentis tiré par la manche.

— Où courez-vous ainsi, mon oncle, comme un somnambule?

C'était mon neveu Marcel qui m'interpellait de la sorte, un honnête et intelligent jeune homme, interne à la Salpêtrière. On dit qu'il réussira dans la médecine. Et, de fait, il aurait l'esprit assez bon s'il se défiait davantage de son imagination capricieuse.

— Mais, lui répondis-je, je vais porter un conte de ma façon à miss Morgan.

— Quoi! mon oncle, vous faites des contes et vous connaissez miss Morgan? Elle est bien jolie. Connaissez-vous aussi le docteur Daoud, qui la suit partout?

— Un empirique, un charlatan!

— Sans doute, mon oncle, mais à coup

sûr un expérimentateur extraordinaire. Ni Bernheim, ni Liégeois, ni Charcot lui-même n'ont obtenu les phénomènes qu'il produit à volonté. Il produit l'hypnotisme et la suggestion sans contact, sans action directe, par l'intermédiaire d'un animal. Il se sert ordinairement pour ses expériences de petits chats à poils ras. Voici comment il procède : il suggère un acte quelconque à un chat, puis il envoie l'animal dans un panier au sujet sur lequel il veut agir. L'animal transmet la suggestion qu'il a reçue, et le patient, sous l'influence de la bête, exécute ce que l'opérateur a commandé.

— En vérité, mon neveu?

— En vérité, mon oncle.

— Et quelle est la part de miss Morgan dans ces belles expériences?.

— Miss Morgan, mon oncle, fait travailler Daoud à son profit et se sert de l'hypnotisme et de la suggestion pour faire faire des bêtises aux gens, comme si sa beauté n'y suffisait pas.

Je n'en entendis pas davantage. Une force irrésistible m'entraînait vers miss Morgan.

LA FILLE DE LILITH

A Jean Psichari.

LA FILLE DE LILITH

J'avais quitté Paris la veille au soir et passé dans un coin de wagon une longue et muette nuit de neige. J'attendis six mortelles heures à X... et trouvai dans l'après-midi seulement une carriole de paysan pour me conduire à Artigues. La plaine, dont les plis s'élèvent et s'abaissent tour à tour des deux côtés de la route et que j'avais vue jadis riante au grand soleil, était maintenant couverte d'un voile épais de neige sur laquelle se tordaient les pieds noirs des vignes. Mon guide poussait mollement son vieux cheval, et nous allions, enveloppés d'un silence infini que déchirait par intervalles le cri plaintif d'un oiseau. Triste jusqu'à la mort,

je murmurai dans mon cœur cette prière :
« Mon Dieu, Dieu de miséricorde, préservez-moi du désespoir et ne me laissez pas commettre, après tant de fautes, le seul péché que vous ne pardonniez pas. » Alors je vis le soleil, rouge et sans rayons, descendre comme une hostie sanglante à l'horizon et, me rappelant le divin sacrifice du Calvaire, je sentis l'espérance entrer dans mon âme. Les roues continuèrent quelque temps encore à faire craquer la neige. Enfin, le voiturier me montra du bout de son fouet le clocher d'Artigues qui se dressait comme une ombre dans la brume rougeâtre.

— Eh! donc, me dit cet homme, vous descendez au presbytère? Vous connaissez monsieur le curé?

— Je le connais depuis mon enfance. Il était mon maître quand j'étais écolier.

— Il est savant dans les livres?

— Mon ami, monsieur le curé Safrac est aussi savant qu'il est vertueux.

— On le dit. On dit pareillement autre chose.

— Que dit-on, mon ami?

— On dit ce qu'on veut, et moi je laisse dire.

— Quoi encore?

— Donc, il y en a qui croient que monsieur le curé est devin et qu'il jette des sorts.

— Quelle folie!

— Moi, monsieur, je ne dis rien. Mais, si monsieur Safrac n'est pas un devin qui jette des sorts, pourquoi lit-il dans les livres, donc?

La carriole s'arrêta devant le presbytère.

Je laissai cet imbécile et suivis la servante du curé, qui me conduisit à son maître, dans la salle où déjà la table était servie. Je trouvai M. Safrac bien changé depuis trois ans que je ne l'avais vu. Son grand corps s'était voûté. Sa maigreur devenait excessive. Deux yeux perçants luisaient sur son visage émacié. Son nez, qui semblait agrandi, descendait sur la bouche amincie. Je tombai dans ses bras et je m'écriai en sanglotant : « Mon père, mon père! je viens à vous parce que j'ai péché. Mon père, mon vieux maître, ô vous, dont la science profonde et mystérieuse épouvantait mon esprit, mais qui rassuriez mon âme en me montrant votre cœur maternel, tirez votre enfant du bord de l'abîme. O mon seul ami, sauvez-moi; éclairez-moi, ô mon unique lumière! »

Il m'embrassa, me sourit avec cette exquise

bonté dont il m'avait donné tant de preuves dans ma première jeunesse, et, reculant d'un pas comme pour mieux me voir :

— Eh! adieu! me dit-il, en me saluant à la mode de son pays, car M. Safrac est né sur le bord de la Garonne, au milieu de ces vins illustres qui semblent l'emblème de son âme généreuse et parfumée.

Après avoir professé la philosophie avec éclat à Bordeaux, à Poitiers et à Paris, il demanda pour unique faveur une pauvre cure dans le pays où il était né et où il voulait mourir. Curé d'Artigues depuis six ans, il pratique dans ce village perdu la plus humble piété et la science la plus haute.

— Eh! adieu! mon enfant, répétait-il. Vous m'avez écrit, pour m'annoncer votre arrivée, une lettre qui m'a bien touché. Il est donc vrai que vous n'avez point oublié votre vieux maître?

Je voulus me jeter à ses pieds, en balbutiant encore . « Sauvez-moi! sauvez-moi! » Mais il m'arrêta d'un geste à la fois impérieux et doux.

— Ary, me dit-il, vous me direz demain ce que vous avez à me dire. Présentement, chauffez-vous. Puis nous souperons, car vous devez avoir grand froid et grand'faim!

La servante apporta sur la table la soupière, d'où montait une colonne de vapeur odorante. C'était une vieille femme dont les cheveux étaient cachés sous un foulard noir et qui mêlait étrangement sur sa face ridée la beauté du type à la laideur de la décrépitude. J'étais profondément troublé; pourtant la paix de la sainte demeure, la gaieté du feu de sarment, de la nappe blanche, du vin versé et des plats fumants entrèrent peu à peu dans mon âme. Tout en mangeant, j'oubliais presque que j'étais venu au foyer de ce prêtre changer l'aridité de mes remords en la rosée féconde du repentir. M. Safrac me rappela les heures déjà lointaines qui nous avaient réunis sous le toit du collège, où il professait la philosophie.

— Ary, me dit-il, vous étiez mon meilleur élève. Votre prompte intelligence allait sans cesse au delà de la pensée du maître. C'est pourquoi je m'attachai tout de suite à vous. J'aime la hardiesse chez un chrétien. Il ne faut pas que la foi soit timide quand l'impiété montre une indomptable audace. L'Église n'a plus aujourd'hui que des agneaux : il lui faut des lions. Qui nous rendra les pères et les docteurs dont le regard embrassait toutes les sciences? La vérité est comme le soleil; elle veut l'œil de l'aigle pour la contempler.

— Ah! monsieur Safrac, vous portiez, vous, sur toutes les questions cet œil audacieux que rien n'éblouit. Je me rappelle que vos opinions effrayaient parfois ceux mêmes de vos confrères que la sainteté de votre vie remplissait d'admiration. Vous ne redoutiez pas les nouveautés. C'est ainsi, par exemple, que vous incliniez à admettre la pluralité des mondes habités.

Son œil s'alluma.

— Que diront les timides quand ils liront mon livre? Ary, sous ce beau ciel, dans ce pays que Dieu fit avec un spécial amour, j'ai médité, j'ai travaillé. Vous savez que je possède assez bien l'hébreu, l'arabe, le persan et plusieurs idiomes de l'Inde. Vous savez aussi que j'ai transporté ici une bibliothèque riche en manuscrits anciens. Je suis entré profondément dans la connaissance des langues et des traditions de l'Orient primitif. Ce grand labeur, avec l'aide de Dieu, n'aura pas été sans fruit. Je viens de terminer mon livre des *Origines* qui répare et soutient cette exégèse sacrée dont la science impie croyait voir la ruine imminente. Ary, Dieu a voulu, dans sa miséricorde, que la science et la foi fussent enfin réconciliées. Pour opérer un tel rapprochement, je suis parti de cette idée : La Bible, inspirée par le Saint-Esprit, ne dit rien que de vrai, mais elle ne dit pas tout ce qui est vrai. Et comment le dirait-elle, puisqu'elle se propose, pour objet unique, de nous informer de ce qui est nécessaire à notre salut éternel? Hors de ce grand dessein, il n'existe rien pour elle. Son plan est aussi simple qu'il est immense. Il embrasse la chute et la rédemption. C'est l'histoire divine de l'homme. Elle est complète et limitée. Rien n'y a été admis pour satisfaire de profanes curiosités. Or, il ne faut pas que la science impie triomphe plus longtemps du silence de Dieu. Il est temps de dire : « Non, la Bible n'a pas menti, parce qu'elle n'a pas tout révélé. » Telle est la vérité que je proclame. M'aidant de la géologie, de l'archéologie préhistorique, des cosmogonies orientales, des monuments hittites et sumériens, des traditions chaldéennes et babyloniennes, des antiques légendes conservées dans le Talmud, j'ai affirmé l'existence des préadamites, dont l'auteur inspiré de la Genèse ne parle point pour la seule raison que leur existence n'intéressait point le salut éternel des enfants d'Adam. Bien plus, un examen minutieux des premiers chapitres de la Genèse m'a démontré l'existence de deux créations successives, séparées par de longs âges, et dont la seconde n'est, pour ainsi dire, que l'adaptation d'un canton de la terre aux besoins d'Adam et de sa postérité.

Il s'arrêta une seconde et reprit à voix basse, avec une gravité vraiment religieuse :

— Moi, Martial Safrac, prêtre indigne, docteur en théologie, soumis comme un enfant obéissant à l'autorité de notre sainte mère l'Église, j'affirme avec une certitude absolue — sous la réserve expresse de l'autorité de notre saint père le Pape et des conciles — qu'Adam, créé à l'image de Dieu, eut deux femmes, dont Eve est la seconde.

Ces paroles singulières me tiraient peu à peu hors de moi-même et j'y prenais un étrange intérêt. Aussi éprouvai-je quelque déception quand M. Safrac, laissant tomber ses coudes sur la table, me dit :

— C'en est assez sur ce sujet. Peut-être lirez-vous un jour mon livre qui vous instruira sur ce point. J'ai dû, pour obéir à un strict devoir, soumettre cet ouvrage à Monseigneur et solliciter l'approbation de Sa Grandeur. Le manuscrit est à cette heure à l'archevêché et j'attends d'un moment à l'autre une réponse que j'ai tout lieu de croire favorable. Mon cher enfant, goûtez ces cèpes de nos bois et ce vin de nos crus et dites si ce pays n'est pas la seconde terre promise, dont la première n'était que l'image et la prophétie.

A partir de ce moment, la conversation, plus familière, roula sur nos souvenirs communs.

— Oui, mon enfant, me dit M. Safrac, vous étiez mon élève de prédilection. Dieu permet les préférences quand elles sont fondées sur un jugement équitable. Or, je jugeai tout de suite qu'il y avait en vous l'étoffe d'un homme et d'un chrétien. Ce n'est pas qu'il ne parût en vous de grandes imperfections. Vous étiez inégal, incertain, prompt à vous troubler. Des ardeurs, encore secrètes, couvaient dans votre âme. Je vous aimais pour votre grande inquiétude, comme un autre de mes élèves pour des qualités contraires. Je chérissais Paul d'Ervy pour l'inébranlable fermeté de son esprit et de son cœur.

A ce nom, je rougis, je pâlis, j'eus peine à retenir un cri, et, quand je voulus répondre, il me fut impossible de parler. M. Safrac ne parut pas s'apercevoir de mon trouble.

— Si j'ai bonne mémoire, c'était votre meilleur camarade, ajouta-t-il. Vous êtes resté lié intimement avec lui, n'est-il pas vrai? Je sais qu'il est entré dans la carrière diplomatique où on lui présage un bel avenir. Je souhaite qu'il soit appelé dans des temps meilleurs auprès du Saint-Siège. Vous avez en lui un ami fidèle et dévoué.

— Mon père, répondis-je avec effort, je vous parlerai demain de Paul d'Ervy et d'une autre personne.

M. Safrac me serra la main. Nous nous séparâmes et je me retirai dans la chambre qu'il m'avait fait préparer. Dans mon lit parfumé de lavande, je rêvai que j'étais encore enfant et qu'agenouillé dans la chapelle du collège j'admirais les femmes blanches et lumineuses dont la tribune était remplie, quand tout à coup une voix, sortie d'un nuage, parla au-dessus de ma tête et dit : « Ary, tu crois les aimer en Dieu, mais c'est Dieu que tu aimes en elles. »

Le matin à mon réveil, je trouvai M. Safrac debout au chevet de mon lit.

— Ary, me dit-il, venez entendre la messe que je célébrerai à votre intention. A l'issue du saint sacrifice, je serai prêt à écouter ce que vous avez à me dire.

L'église d'Artigues est un petit sanctuaire de ce style roman qui fleurissait encore en Aquitaine au XIIᵉ siècle. Restaurée il y a vingt ans, elle reçut un clocher qui n'était point prévu dans le plan primitif. Du moins, étant pauvre, elle garda sa pure nudité. Je m'associai, autant que mon esprit me le permettait, aux prières du célébrant, puis je rentrai avec lui au presbytère. Là, nous déjeunâmes d'un peu de pain et de lait, puis nous entrâmes dans la chambre de M. Safrac.

Ayant approché une chaise de la cheminée, au-dessus de laquelle un crucifix était suspendu, il m'invita à m'asseoir, et, s'étant assis lui-même près de moi, il me fit signe de parler. Au dehors, la neige tombait. Je commençai ainsi :

— Mon père, il y a dix ans qu'au sortir de vos mains je suis entré dans le monde. J'y ai gardé ma foi ; hélas ! non pas ma pureté. Mais je n'ai pas besoin de vous retracer mon existence ; vous la connaissez, vous mon guide spirituel, l'unique directeur de ma conscience. D'ailleurs, j'ai hâte d'arriver à l'événement qui a bouleversé ma vie. L'année dernière, ma famille avait résolu de me marier et j'y avais moi-même consenti volontiers. La jeune fille qui m'était destinée présentait tous les avantages que recherchent d'ordinaire les parents. De plus, elle était jolie; elle me plaisait, en sorte qu'au lieu d'un mariage de convenance, j'allais faire un mariage d'inclination. Ma demande fut agréée. On nous fiança. Le bonheur et le repos de ma vie semblaient assurés, quand je reçus une lettre de Paul d'Ervy qui, revenu de Constantinople, m'annonçait son arrivée à Paris et témoignait une grande envie de me voir. Je courus chez lui et lui annonçai mon mariage. Il me félicita cordialement.

» — Mon vieux frère, me dit-il, je me réjouis de ton bonheur.

» Je lui dis que je comptais qu'il serait mon témoin, il accepta bien volontiers. La date de mon mariage était fixée au 15 mai et il ne devait rejoindre son poste que dans les premiers jours de juin.

» — Voilà qui va bien, lui dis-je. Et toi?...

» — Oh! moi, répondit-il avec un sourire qui exprimait à la fois la joie et la tristesse, moi, quel changement!... je suis fou... une femme... Ary, je suis bien heureux ou bien malheureux! Quel nom donner au bonheur qu'on a acheté par une mauvaise action? J'ai trahi, j'ai désolé un excellent ami... j'ai enlevé, là-bas, à Constantinople, la...

M. Safrac m'interrompit :

— Mon fils, retranchez de votre récit les fautes des autres et ne nommez personne.

Je promis d'obéir et je continuai de la sorte :

— Paul avait à peine achevé de parler quand une femme entra dans la chambre. C'était elle, manifestement : vêtue d'un long peignoir bleu, elle semblait chez elle. Je vous peindrai d'un seul mot l'impression terrible qu'elle me fit. Elle ne me parut pas *naturelle*. Je sens combien ce terme est obscur et rend mal ma pensée. Mais peut-être deviendra-t-il plus intelligible par la suite de mon récit. En vérité, dans l'expression de ses yeux d'or qui jetaient par moments des gerbes d'étincelles, dans la courbe de sa bouche énigmatique, dans le tissu de sa chair à la fois brune et lumineuse, dans le jeu des lignes heurtées et pourtant harmonieuses de son corps, dans la légèreté aérienne de ses pas, jusque dans ses bras nus auxquels des ailes invisibles semblaient attachées; enfin dans tout son être ardent et fluide, je sentis je ne sais quoi d'étranger à la nature humaine, je ne sais quoi d'inférieur et de supérieur à la femme telle que Dieu l'a faite, en sa bonté redoutable, pour qu'elle fût notre compagne sur cette terre d'exil. Du moment que je la vis, un sentiment monta dans mon âme et l'emplit toute : je ressentis le dégoût infini de tout ce qui n'était pas cette femme.

» En la voyant entrer, Paul avait froncé légèrement le sourcil; mais, se ravisant tout aussitôt, il essaya de sourire.

» — Leila, je vous présente mon meilleur ami.

» Leila répondit :

» — Je connais monsieur Ary.

» Cette parole devait sembler étrange, puisque certainement nous ne nous étions jamais vus; mais l'accent dont elle fut dite était plus étrange encore. Si le cristal pensait, il parlerait ainsi.

» — Mon ami Ary, ajouta Paul, se marie dans six semaines.

» A ces mots, Leila me regarda et je vis clairement que ses yeux d'or disaient *non*.

» Je sortis fort troublé, sans que mon ami montrât la moindre envie de me retenir. Tout le jour, j'errai au hasard dans les rues, le cœur vide et désolé ; puis, me trouvant, par hasard, le soir sur le boulevard devant une boutique de fleuriste, je me rappelai ma fiancée et j'entrai prendre pour elle une branche de lilas blanc. J'avais à peine la fleur entre les doigts qu'une petite main me l'arracha et je vis Leila qui s'en allait en riant. Elle était vêtue d'une courte robe grise, d'une veste également grise et d'un petit chapeau rond. Ce costume de Parisienne en course allait, je dois le dire, aussi mal que possible à la beauté féerique de cette créature et semblait sur elle une sorte de déguisement. C'est pourtant en la voyant ainsi que je sentis que je l'aimais d'un inextinguible amour. Je voulus la rejoindre, mais elle m'échappa au milieu des passants et des voitures.

» A compter de ce moment, je ne vécus plus. J'allai plusieurs fois chez Paul, sans revoir Leila. Il me recevait amicalement, mais il ne me parlait pas d'elle. Nous n'avions rien à nous dire et je le quittais tristement. Un jour enfin, le valet de chambre me dit : « Monsieur est sorti. » Et il ajouta : « Monsieur veut-il parler à madame? » Je répondis *oui*. Oh ! mon père, ce mot, ce petit mot, quelles larmes de sang pourront jamais l'expier ? J'entrai. Je la trouvai dans le salon, à demi couchée sur un divan, dans une robe jaune comme l'or, sous laquelle elle avait ramené ses pieds. Je la vis... Mais non, je ne voyais plus. Ma gorge s'était tout à coup séchée, je ne pouvais parler. Une odeur de myrrhe et d'aromates qui venait d'elle m'enivra de langueur et de désirs, comme si tous les parfums du mystique Orient étaient entrés à la fois dans mes narines frémissantes. Non, certes, ce n'était pas là une femme naturelle, car rien d'humain ne transparaissait en elle; son visage n'exprimait aucun sentiment bon ou mauvais, hors celui d'une volupté à la fois sensuelle et céleste. Sans doute, elle vit mon trouble, car elle me demanda, de sa voix plus pure que le chant des ruisseaux dans les bois :

» — Qu'avez-vous ?

» Je me jetai à ses pieds et je m'écriai dans les larmes :

» — Je vous aime éperdument !...

» Alors elle ouvrit les bras ; puis, répandant sur moi le regard de ses yeux voluptueux et candides :

» — Pourquoi ne l'avez-vous pas dit plus tôt, mon ami?

» Heure sans nom! Je pressai Leila renversée dans mes bras. Et il me sembla que, tous deux emportés ensemble en plein ciel, nous le remplissions tout entier. Je me sentis devenir l'égal de Dieu, et je crus posséder en mon sein toute la beauté du monde et toutes les harmonies de la nature, les étoiles et les fleurs, et les forêts qui chantent, et les fleuves et les mers profondes. J'avais mis l'infini dans un baiser...

A ces mots, M. Safrac, qui m'écoutait depuis quelques instants avec une impatience visible, se leva et, debout contre la cheminée, ayant retroussé sa soutane jusqu'aux genoux pour se chauffer les jambes, il me dit avec une sévérité qui allait jusqu'au mépris :

— Vous êtes un misérable blasphémateur et, loin de détester vos crimes, vous ne les confessez que par orgueil et par délectation. Je ne vous écoute plus.

A ces mots, je fondis en larmes et lui demandai pardon. Reconnaissant que mon humilité était sincère, il m'autorisa à poursuivre mes aveux, à la condition de m'y déplaire.

Je repris mon récit comme il suit, avec la résolution de l'abréger le plus possible :

— Mon père, je quittai Leila, déchiré de remords. Mais, dès le lendemain, elle vint chez moi, et alors commença une vie qui me brisa de délices et de tortures. J'étais jaloux de Paul, que j'avais trahi, et je souffrais cruellement. Je ne crois pas qu'il y ait un mal plus avilissant que la jalousie, ni qui remplisse l'âme de plus odieuses images. Leila ne daignait même pas mentir pour me soulager. D'ailleurs sa conduite était inconcevable. Je n'oublie pas à qui je parle, et je me garderai bien d'offenser les oreilles du plus vénérable des prêtres. Je dirai seulement que Leila semblait étrangère à l'amour qu'elle me laissait prendre. Mais elle avait répandu dans mon être tous les poisons de la volupté. Je ne pouvais me passer d'elle, et je tremblais de la perdre. Leila était absolument dénuée de ce que nous appelons le sens moral. Il ne faut pas croire pour cela qu'elle se montrât méchante ou cruelle. Elle était, au contraire, douce et pleine de pitié. Elle n'était pas non plus inintelligente, mais son intelligence n'était pas de même nature que la nôtre. Elle parlait peu, refusait de répondre à toute question qu'on lui faisait sur son passé. Elle ne savait rien de ce que nous savons. Par contre, elle savait beaucoup de choses que nous ignorons. Élevée en Orient, elle connaissait toute sorte de légendes hindoues et persanes qu'elle contait d'une voix monotone avec une grâce infinie. A l'entendre raconter l'aurore charmante du monde, on l'aurait dite contemporaine de la jeunesse de l'univers. Je lui en fis un jour la remarque. Elle répondit en souriant :

» — Je suis vieille, il est vrai.

M. Safrac, toujours debout devant la cheminée, se penchait depuis quelque temps vers moi dans l'attitude d'une vive attention.

— Continuez, me dit-il.

— Plusieurs fois, mon père, j'interrogeai Leila sur sa religion. Elle me répondit qu'elle n'en avait pas et qu'elle n'avait pas besoin d'en avoir; que sa mère et ses sœurs étaient filles de Dieu, et que pourtant elles n'étaient liées à lui par aucun culte. Elle portait à son cou un médaillon rempli d'un peu de terre rouge, qu'elle disait avoir recueilli pieusement pour l'amour de sa mère.

A peine avais-je prononcé ces mots que

M. Safrac, pâle et tremblant, bondit et, me pressant le bras, me cria aux oreilles :

— Elle disait vrai! Je sais, je sais maintenant quelle était cette créature. Ary, votre instinct ne vous trompait pas. Ce n'était pas une femme. Achevez, achevez, je vous prie!

— Mon père, j'ai presque terminé. Hélas! j'avais rompu, pour l'amour de Leila, des fiançailles solennelles, j'avais trahi mon meilleur ami. J'avais offensé Dieu. Paul, ayant appris l'infidélité de Leila, en devint fou de douleur. Il menaça de la tuer, mais elle lui répondit doucement :

» — Essayez, mon ami; je souhaiterais mourir, et je ne peux pas.

» — Six mois elle se donna à moi; puis un matin, elle m'annonça qu'elle retournait en Perse et qu'elle ne me verrait plus. Je pleurai, je gémis, je m'écriai : « Vous ne m'avez jamais aimé! » Et elle me répondit avec douceur :

» — Non, mon ami. Mais combien de femmes, qui ne vous ont pas aimé davantage, ne vous ont pas donné ce que vous avez reçu de moi! Vous me devez encore de la reconnaissance. Adieu.

» — Je demeurai deux jours entre la fureur et la stupidité. Puis, songeant au salut de mon âme, je courus à vous, mon père. Me voici; purifiez, élevez, fortifiez mon cœur! Je l'aime encore!

Je cessai de parler. M. Safrac restait pensif, le front dans la main. Le premier, il rompit le silence :

— Mon fils, voilà qui confirme mes grandes découvertes. Voilà de quoi confondre la superbe de nos modernes sceptiques. Écoutez-moi. Nous vivons aujourd'hui dans les prodiges, comme les premiers-nés des hommes. Écoutez, écoutez! Adam eut, comme je vous l'ai dit, une première femme dont la Bible ne parle pas, mais que le Talmud nous fait connaître. Elle se nommait Lilith. Formée, non d'une de ses côtes, mais de la terre rouge dont lui-même était pétri, elle n'était pas la chair de sa chair. Elle se sépara volontairement de lui. Il vivait encore dans l'innocence quand elle le quitta pour aller en ces régions où les Perses s'établirent de longues années après et qu'habitaient alors des préadamites plus intelligents et plus beaux que les hommes. Elle n'eut donc pas de part à la faute de notre premier père et ne fut point souillée du péché originel. Aussi échappa-t-elle à la malédiction prononcée contre Ève et sa postérité. Elle est exempte de douleur et de mort; n'ayant point d'âme à sauver, elle est incapable de mérite comme de démérite. Quoi qu'elle fasse, elle ne fait ni bien ni mal. Ses filles, qu'elle eut d'un hymen mystérieux, sont immortelles comme elle et, comme elle, libres de leurs actes et de leurs pensées, puisqu'elles ne peuvent ni gagner ni perdre devant Dieu. Or, mon fils, je le reconnais à des signes certains, la créature qui vous fit tomber, cette Leila, était une fille de Lilith. Priez, je vous entendrai demain en confession.

Il resta songeur un moment, puis, tirant de sa poche un papier, il reprit :

— Cette nuit, après vous avoir souhaité le bonsoir, j'ai reçu du facteur, qui s'était attardé dans les neiges, une lettre pénible. Monsieur le premier vicaire m'écrit que mon livre a contristé Monseigneur et assombri par avance, dans son âme, les joies du Carmel. Cet écrit, ajoute-t-il, est plein de propositions téméraires et d'opinions déjà condamnées par les docteurs. Sa Grandeur ne saurait approuver des élucubrations si malsaines. Voilà ce qu'on m'écrit.

Mais je raconterai votre aventure à Monseigneur. Elle lui prouvera que Lilith existe et que je ne rêve pas.

Je priai M. Safrac de m'écouter un moment encore :

— Leila, mon père, m'a laissé, en partant, une feuille de cyprès sur laquelle des caractères que je ne puis lire sont gravés à la pointe du style. Voici cette espèce d'amulette...

M. Safrac prit le léger copeau que je lui tendais, l'examina attentivement, puis :

— Ceci, dit-il, est écrit en langue persane de la belle époque et se traduit sans peine ainsi :

PRIÈRE DE LEILA, FILLE DE LILITH

Mon Dieu, promettez-moi la mort, afin que je goûte la vie. Mon Dieu, donnez-moi le remords, afin que je trouve le plaisir. Mon Dieu, faites-moi l'égale des filles d'Ève!

LÆTA ACILIA

A Ary Renan.

LÆTA ACILIA

I

Læta Acilia vivait à Marseille, sous Tibère empereur. Mariée depuis plusieurs années à un chevalier romain nommé Helvius, elle n'avait point encore d'enfant et elle souhaitait ardemment d'être mère. Un jour qu'elle se rendait au temple pour adorer les dieux, elle vit le portique envahi par une troupe d'hommes deminus, décharnés, rongés de lèpre et d'ulcères. Elle s'arrêta effrayée sur le premier degré du monument. Læta Acilia n'était point impitoyable. Elle plaignait les pauvres, mais elle en avait peur. Or, elle n'avait jamais vu de mendiants aussi farouches que ceux qui se pressaient en ce moment devant elle, livides, inertes, leurs besaces vides jetées à leurs pieds. Elle pâlit et porta la main à son cœur. Incapable d'avancer ni de fuir, elle sentait ses jambes fléchir, lorsqu'une femme d'une beauté éclatante, se détachant du groupe des malheureux, s'avança vers elle.

— Ne crains rien, ô jeune femme, dit cette inconnue d'une voix grave et douce, ceux que tu vois ici ne sont point des hommes cruels. Ils apportent, non la fraude et l'injure, mais la vérité et l'amour. Nous venons de Judée, où le fils de Dieu est mort et ressuscité. Quand il fut remonté à la droite de son père, ceux qui croyaient en lui souffrirent de grands maux. Étienne fut lapidé par le peuple. Quant à nous, les prêtres nous mirent dans un navire sans voiles et sans gouvernail, et nous fûmes livrés aux flots de la mer afin d'y périr. Mais le Dieu qui nous aimait en sa vie mortelle nous conduisit heureusement au port de cette ville. Hélas ! les Massaliotes sont avares, idolâtres et cruels. Ils laissent mourir de faim et de froid les disciples de Jésus. Et si nous n'étions réfugiés dans ce temple, qu'ils tiennent pour un asile sacré, ils nous auraient déjà traînés dans de sombres prisons. Pourtant il conviendrait de nous souhaiter la bienvenue, puisque nous apportons la bonne nouvelle.

Ayant ainsi parlé, l'étrangère étendit le bras vers ses compagnons, et, désignant chacun d'eux tour à tour :

— Ce vieillard, dit-elle, qui tourne vers toi, femme, son regard lumineux, c'est Cédon, l'aveugle de naissance que le maître a guéri. Cédon voit aujourd'hui avec une égale clarté les choses visibles et les choses invisibles. Cet autre vieillard, dont la barbe est blanche comme la neige des monts, c'est Maximin. Cet homme jeune encore et qui semble si las, c'est mon frère. Il possédait de grandes richesses à Jérusalem ; près de lui se tiennent Marthe, ma sœur, et Mantille, la fidèle servante qui, dans les jours heureux, cueillait les olives sur les collines de Béthanie.

— Et toi, demanda Læta Acilia, toi, dont la voix est si douce et le visage si beau, quel est ton nom?

La juive répondit :

— Je me nomme Marie-Madeleine. J'ai deviné aux broderies d'or de ta robe et à l'innocente fierté de ton regard que tu étais la femme d'un des principaux citoyens de cette ville. C'est pourquoi je suis venue à toi, afin que tu émeuves le cœur de ton époux en faveur des disciples de Jésus-Christ. Dis à cet homme riche : « Seigneur, ils sont nus, vêtons-les ; ils ont faim et soif, donnons-leur le pain et le vin, et Dieu nous rendra dans son royaume ce qui nous aura été emprunté en son nom. »

Læta Acilia répondit :

— Marie, je ferai ce que tu demandes. Mon mari se nomme Helvius, il est chevalier et c'est un des plus riches citoyens de la ville ; jamais il ne me refuse longtemps ce que je veux, car il m'aime. Maintenant tes compagnons, ô Marie, ne me font plus peur, j'oserai passer tout près d'eux, bien que des ulcères dévorent leurs membres, et j'irai dans le temple prier les dieux immortels, afin qu'ils m'accordent ce que je désire. Hélas! ils me l'ont refusé jusqu'à ce jour!...

Marie, de ses deux bras étendus, lui barra le chemin.

— Femme, garde-toi bien, s'écria-t-elle, d'adorer de vaines idoles. Ne demande pas à des simulacres de marbre les paroles d'espérance et de vie. Il n'y a qu'un Dieu, et ce Dieu fut un homme, et mes cheveux ont essuyé ses pieds.

A ces mots, des éclairs et des larmes jaillirent ensemble de ses yeux, plus sombres qu'un ciel d'orage, et Læta Acilia se dit en elle-même :

« Je suis pieuse, j'accomplis exactement les cérémonies que la religion prescrit, mais il y a en cette femme un étrange sentiment de l'amour divin. »

Et la Madeleine poursuivit dans l'extase :

— C'était le Dieu du ciel et de la terre, et il disait des paraboles, assis sur le banc du seuil, à l'ombre du vieux figuier. Il était jeune et beau ; il voulait bien être aimé. Quand il venait souper dans la maison de ma sœur, je m'asseyais à ses pieds, et les paroles coulaient de ses lèvres comme l'eau du torrent. Et quand ma sœur, se plaignant de ma paresse, s'écriait : « Nabi, dites-lui qu'il est juste qu'elle m'aide à préparer le souper », il m'excusait en souriant, me gardait à ses pieds et me disait que j'avais pris la bonne part. On eût cru voir un jeune berger de la montagne, et pourtant ses prunelles jetaient des flammes pareilles à celles qui sortaient du front de Moïse. Sa douceur ressemblait à la paix des nuits et sa colère était plus terrible que la foudre. Il aimait les humbles et les petits. Les enfants couraient

au-devant de lui sur les routes et s'attachaient
à sa robe. C'était le Dieu d'Abraham et de
Jacob. Et de ces mêmes mains qui avaient fait
le soleil et les étoiles, il caressait sur la joue
les nouveau-nés que lui tendaient, au seuil des
cabanes, les mères joyeuses. Lui-même, il était
simple comme un enfant et il ressuscitait les
morts. Tu vois ici, parmi nos compagnons, mon
frère qu'il a tiré du tombeau. Regarde, ô femme!
Lazare conserve sur son front la pâleur de la
mort et dans ses yeux l'horreur d'avoir vu les
limbes.

Mais depuis quelques instants Læta Acilia
n'écoutait plus.

Elle leva vers la juive ses yeux candides et
son petit front poli :

— Marie, lui dit-elle, je suis une femme
pieuse, attachée à la religion de mes pères.
L'impiété est mauvaise pour mon sexe. Et il
ne conviendrait pas à l'épouse d'un chevalier
romain d'embrasser des nouveautés religieuses.
J'avoue pourtant qu'il y a dans l'Orient des
dieux aimables. Le tien, Marie, me semble de
ceux-là. Tu m'as dit qu'il aimait les petits
enfants, et qu'il les baisait sur la joue dans les
bras des jeunes mères. A cela, je reconnais

qu'il est un dieu propice aux femmes, je regrette qu'il ne soit pas en honneur dans l'aristocratie et parmi les fonctionnaires, car je lui ferais volontiers des offrandes de gâteaux au miel. Mais, écoute, Marie la Juive, invoque-le, toi qu'il aime, et demande-lui pour moi ce que je n'ose lui demander et ce que mes déesses m'ont refusé.

Læta Acilia avait prononcé ces paroles en hésitant. Elle s'arrêta et rougit.

— Qu'est-ce donc, demanda vivement la Madeleine, et que manque-t-il, femme, à ton âme inquiète?

Se rassurant peu à peu, Læta Acilia répondit:

— Marie, tu es femme, et, bien que je ne te connaisse point, il m'est permis de te confier un secret de femme. Depuis six ans que je suis mariée, je n'ai point encore d'enfant et c'est un grand chagrin pour moi. Il me faut un enfant à aimer; l'amour que j'ai là au cœur pour le petit être que j'attends et qui ne viendra peut-être jamais m'étouffe. Si ton dieu, Marie, m'accorde, par ton entremise, ce que mes déesses m'ont refusé, je dirai qu'il est un bon dieu, et je l'aimerai et je le ferai aimer par mes amies, qui sont comme moi jeunes, riches, et des premières familles de la ville.

Madeleine répondit gravement :

— Fille des Romains, quand tu auras reçu ce que tu demandes, qu'il te souvienne de la promesse que tu viens de faire à la servante de Jésus!

— Il m'en souviendra, répondit la Massaliote. En attendant, Marie, prends cette bourse et partage avec tes compagnons les pièces d'argent qu'elle renferme. Adieu, je retourne dans ma maison. Dès que j'y serai, je ferai envoyer à tes compagnons et à toi des corbeilles pleines de pains et de viandes. Dis à ton frère, à ta sœur, à tes amis qu'ils peuvent quitter sans crainte l'asile où ils se sont réfugiés et se rendre dans quelque hôtellerie des faubourgs. Helvius, qui est puissant dans la ville, empêchera qu'on leur fasse aucun mal. Que les dieux te gardent, Marie-Madeleine! Quand il te plaira de me revoir, demande aux passants la maison de Læta Acilia; tous les citoyens te l'indiqueront sans peine.

II

Or, à six mois de là, Læta Acilia, couchée sur un lit de pourpre dans la cour de sa maison, murmurait une chanson qui n'avait point de sens et que sa mère chantait autrefois. L'eau de la vasque d'où s'élevaient de jeunes tritons de marbre chantait gaiement, et l'air tiède agitait avec douceur les feuilles bruissantes du vieux platane. Lasse, alanguie, heureuse, lourde comme l'abeille au sortir du verger, la jeune femme, croisant les bras sur sa taille arrondie, ayant cessé son chant, promena ses regards tout autour d'elle et soupira de joie et d'orgueil. A ses pieds, ses esclaves noires, jaunes ou blanches s'empressaient à manier l'aiguille, la navette et le fuseau, et travaillaient à l'envi au trousseau de l'enfant attendu. Læta, allongeant le bras, prit le petit bonnet qu'une vieille esclave noire lui présentait en riant. Elle en coiffa son poing fermé et rit à son tour. C'était un petit bonnet de pourpre, d'or, d'argent et de perles, magnifique comme les rêves d'une pauvre Africaine.

En ce moment une femme étrangère parut dans cette cour intérieure. Elle était vêtue d'une robe d'une seule pièce, semblable par sa couleur à la poussière des chemins. Ses longs cheveux étaient couverts de cendre, mais son visage, brûlé par les larmes, rayonnait encore de gloire et de beauté.

Les esclaves, la prenant pour une mendiante, se levaient déjà pour la chasser, quand Læta Acilia, la reconnaissant du premier coup d'œil, se leva et courut à elle en s'écriant :

— Marie, Marie, il est vrai que tu fus la préférée d'un dieu. Celui que tu aimas sur la terre t'a entendue dans son ciel et il m'a accordé ce que j'avais demandé par ton entremise. Vois! ajouta-t-elle.

Et elle montra le petit bonnet qu'elle tenait encore dans sa main.

— Comme je suis heureuse et combien je te rends grâce !

— Je le savais, répondit Marie-Madeleine, et je viens, Læta Acilia, t'instruire dans la vérité du Christ Jésus.

Alors la Massaliote renvoya ses esclaves et tendit à la juive un fauteuil d'ivoire dont les coussins étaient brodés d'or. Mais Madeleine, repoussant ce siège avec dégoût, s'assit à terre, les jambes croisées, au pied du grand platane, que les souffles de l'air remplissaient de murmures.

— Fille des gentils, dit-elle, tu n'as pas méprisé les disciples du Seigneur. Ils avaient soif et tu leur as donné à boire ; ils étaient affamés et tu leur as donné à manger. C'est pourquoi je te ferai connaître Jésus comme je l'ai connu, afin que tu l'aimes comme je l'aime. J'étais une pécheresse quand je vis pour la première fois le plus beau des fils des hommes.

Et elle conta comment elle s'était jetée aux genoux de Jésus, dans la maison de Simon le Lépreux, et comment elle avait versé sur les pieds adorés du nabi tout le nard contenu dans un vase d'albâtre. Elle rapporta les paroles que le doux maître avait prononcées alors, en réponse aux murmures de ses disciples grossiers.

— Pourquoi reprenez-vous cette femme? avait-il dit. Ce qu'elle m'a fait est bien fait. Car vous aurez toujours parmi vous des pauvres; mais moi, vous ne m'aurez pas toujours. Elle a d'avance parfumé mon corps pour ma sépulture. En vérité, je vous le dis, dans le monde entier, partout où sera prêché cet Évangile, on racontera ce qu'elle a fait et elle en sera louée.

Elle expliqua ensuite comment Jésus avait chassé les sept démons qui s'agitaient en elle.

Elle ajouta :

— Depuis lors, ravie, consumée par toutes les joies de la foi et de l'amour, j'ai vécu dans l'ombre du maître comme dans un nouvel Éden.

Elle parla des lis des champs qu'ils contemplaient ensemble et du bonheur infini, du seul bonheur de croire. Puis elle dit comment il avait été trahi et mis à mort pour le salut de son peuple. Elle rappela les scènes ineffables de la passion, de la mise au tombeau et de la résurrection.

— C'est moi, s'écria-t-elle, c'est moi qui l'ai

vu la première. J'ai trouvé deux anges vêtus de blanc, assis, l'un à la tête, l'autre aux pieds, là où l'on avait porté le corps de Jésus. Et ils me dirent : « Femme, pourquoi pleures-tu? » — « Je pleure parce qu'ils ont enlevé mon Seigneur, et je ne sais où ils l'ont mis. » O joie! Jésus vint à moi et je crus d'abord que c'était le jardinier. Mais il m'appela « Marie » et je le reconnus à sa voix. Je m'écriai : « Nabi! » et j'étendis les bras; mais il me répondit doucement : « Ne me touche point, car je ne suis pas encore monté vers mon père. »

En écoutant ce récit, Læta Acilia perdait peu à peu sa joie et sa quiétude. Faisant un retour sur elle-même, elle examinait sa vie, et elle la trouvait bien monotone auprès de la vie de cette femme qui avait aimé un dieu. Les jours qui marquaient pour elle, jeune et pieuse patricienne, étaient ceux où elle mangeait des gâteaux avec ses amies. Les jeux du cirque, l'amour d'Helvius et les travaux d'aiguille occupaient aussi son existence. Mais qu'était-ce que tout cela auprès des scènes dont la Madeleine échauffait ses sens et son âme? Elle se sentit monter au cœur d'amères jalousies et d'obscurs regrets. Elle enviait les divines aventures et jusqu'aux douleurs sans nom de cette juive dont l'ardente beauté brillait encore sous les cendres de la pénitence.

— Va-t'en! juive, s'écria-t-elle en retenant les larmes dans ses yeux avec les poings, va-t'en! J'étais si tranquille tout à l'heure! Je me croyais heureuse. Je ne savais pas qu'il y eût au monde d'autres bonheurs que ceux que j'ai goûtés. Je ne connaissais pas d'autre amour que celui de mon excellent Helvius et pas d'autre joie sainte que de célébrer les mystères des déesses à la mode de ma mère et de mon aïeule. Oh! c'était bien simple. Méchante femme, tu voulais me donner le dégoût de la bonne vie que j'ai menée. Mais tu n'as pas réussi. Que viens-tu me parler de tes amours avec un dieu visible? Pourquoi te vantes-tu devant moi, d'avoir vu le nabi ressuscité, puisque je ne le verrai pas, moi? Tu espérais me gâter jusqu'à la joie d'avoir un enfant. C'était mal! Je ne veux pas connaître ton dieu. Tu l'as trop aimé; il faut pour lui plaire se prosterner échevelée à ses pieds. Ce n'est pas là une attitude convenable à la femme d'un chevalier. Helvius se fâcherait si j'étais jamais une telle adorante. Je ne veux pas d'une religion qui dérange les coiffures. Non, certes, je ne ferai pas connaître ton Christ au petit enfant que je porte dans mon sein. Si ce pauvre petit être est une fille, je lui ferai aimer nos petites déesses de terre cuite, qui ne sont pas plus hautes que le doigt et avec lesquelles elle pourra jouer sans crainte. Voilà les divinités qu'il faut aux mères et aux enfants. Tu es bien audacieuse de me vanter tes amours, et de m'inviter à les partager. Comment ton dieu pourrait-il être le mien ? Je n'ai pas mené la vie d'une pécheresse, je n'ai pas été possédée de sept démons, je n'ai pas erré par les chemins ; je suis une femme respectable. Va-t'en !

Madeleine, voyant que l'apostolat n'était point dans ses voies, se retira dans une grotte sauvage qui fut dite depuis la Sainte-Baume. Les hagiographes pensent unanimement que Læta Acilia ne fut convertie à la foi chrétienne que de longues années après l'entretien que j'ai fidèlement rapporté.

NOTE SUR UN POINT D'EXÉGÈSE

Quelques personnes m'ont reproché d'avoir confondu dans ce conte Marie de Béthanie, sœur de Marthe, et Marie-Madeleine. Je dois convenir tout d'abord que l'Évangile semble faire de la Marie qui répandit du parfum de nard sur les pieds de Jésus et de la Marie à qui le Maître dit : *Noli me tangere*, deux femmes absolument distinctes. Sur ce point je donne satisfaction à ceux qui m'ont fait l'honneur de me reprendre. Il se trouve dans le nombre une princesse attachée à l'orthodoxie grecque. Je n'en suis pas surpris. Les Grecs ont de tout temps distingué deux Marie. Il n'en fut pas de même pour l'Église d'Occident. Là, au contraire, l'identification de la sœur de Marthe et de Madeleine la Pécheresse se fit de bonne heure. Les textes s'y prêtaient assez mal, mais les difficultés opposées par les textes ne gênent jamais que les savants; la poésie populaire est plus subtile que la science; rien ne l'arrête, elle sait tourner les obstacles devant lesquels la critique vient se heurter. Par un tour heureux de son imagination, le populaire fondit ensemble les deux Marie et créa ainsi le type merveilleux de la Madeleine. La légende l'a consacré, et c'est de la légende que je m'inspire dans mon petit conte. En cela, je me crois absolument irréprochable. Ce n'est pas tout. Je puis encore invoquer l'autorité des docteurs. Sans me flatter, j'ai pour moi la Sorbonne. Elle déclara, le 1ᵉʳ décembre 1521, qu'il n'y a qu'une Marie.

L'ŒUF ROUGE

A Samuel Pozzi.

L'OEUF ROUGE

Le docteur N*** posa sa tasse de café sur la cheminée, jeta son cigare dans le feu et me dit :

— Cher ami, vous avez raconté jadis l'étrange suicide d'une femme bourrelée de terreur et de remords. Sa nature était fine et sa culture exquise. Soupçonnée de complicité dans un crime dont elle avait été le muet témoin, désespérée de son irréparable lâcheté, agitée par de perpétuels cauchemars qui lui représentaient son mari mort et décomposé la désignant du doigt aux magistrats curieux, elle était la proie inerte de sa sensibilité exaspérée. Dans cet état, une circonstance insignifiante et fortuite décida de son sort. Son neveu, un enfant, vivait chez elle. Un matin, il fit, comme à son ordinaire, ses devoirs dans la salle à manger. Elle s'y trouvait elle-même. L'enfant se mit à traduire mot à mot des vers de Sophocle. Il prononçait tout haut les termes grecs et français à mesure qu'il les écrivait : Κάρα θεῖον, la tête divine; Ἰοκάστης, de Jocaste; τέθνηκε, est morte... Σπῶσα κόμην, déchirant sa chevelure; κάλει, elle appelle; Λάϊον νεκρὸν, Laïs mort... Ἐισείδομεν, nous vîmes; τὴν γυναῖκα κρεμαστὴν, la femme pendue. Il fit un paraphe qui troua le papier, tira une langue toute violacée d'encre, puis il chanta : « Pendue! pendue! pendue! » La malheureuse, dont la volonté était détruite, obéit sans défense à la suggestion du mot qu'elle avait entendu trois fois. Elle se leva droite, sans voix, sans regard, et elle entra dans sa chambre. Quelques heures après, le commissaire de police, appelé pour constater la mort violente, fit cette réflexion : « J'ai vu bien des femmes suicidées; c'est la première fois que j'en vois une pendue. »

On parle de suggestion. C'en est là de la plus naturelle et de la plus croyable. Je me méfie un peu, malgré tout, de celle qui est préparée dans les cliniques. Mais qu'un être chez qui la volonté est morte obéisse à toutes les excitations extérieures, c'est une vérité que la raison admet et que démontre l'expérience. L'exemple que vous en apportez m'en rappelle un autre assez analogue. C'est celui de mon malheureux camarade Alexandre Le Mansel. Un vers de Sophocle tua votre héroïne. Une phrase de Lampride perdit l'ami dont je veux vous parler.

Le Mansel, avec qui j'ai fait mes classes au lycée d'Avranches, ne ressemblait à aucun de ses camarades. Il paraissait à la fois plus jeune et plus vieux qu'il n'était en réalité. Petit et fluet, il avait peur, à quinze ans, de tout ce dont les petits enfants s'effrayent. L'obscurité lui causait une épouvante invincible. Il ne pouvait rencontrer, sans fondre en larmes, un des domestiques du lycée qui avait une grosse loupe au sommet du crâne. Mais par moments, à le voir de près, il avait l'air presque vieux. Sa peau aride, collée sur les tempes, nourrissait mal ses maigres cheveux. Son front était poli comme le front des hommes mûrs. Quant à ses yeux, ils étaient sans regard. Maintes fois des étrangers le prirent pour un aveugle. Sa bouche donnait seule une physionomie à son visage. Ses lèvres mobiles exprimaient tour à tour une joie enfantine et de mystérieuses souffrances. Le timbre de sa voix était clair et charmant. Quand il récitait ses leçons, il donnait aux vers leur nombre et leur rythme, ce qui nous faisait beaucoup rire. Pendant les récréations, il partageait volontiers nos jeux, et il n'y était pas maladroit, mais il y apportait une ardeur fébrile et des allures de somnambule qui inspiraient à quelques-uns d'entre nous une antipathie insurmontable. Il n'était pas aimé ; nous en aurions fait notre souffre-douleur, s'il ne nous eût imposé par je ne sais quelle fierté sauvage et par son renom d'élève fort. Bien qu'inégal dans son travail, il tenait souvent la tête de la classe. On disait qu'il parlait, la nuit, dans le dortoir, et que même il sortait tout endormi de son lit. C'est ce qu'aucun de nous n'avait guère observé de ses propres yeux, car nous étions à l'âge des profonds sommeils.

Il m'inspira longtemps plus de surprise que de sympathie. Nous devînmes subitement amis dans une promenade que nous fîmes avec toute la classe à l'abbaye du Mont-Saint-Michel. Nous étions venus pieds nus par la grève, portant nos souliers et notre pain au bout d'un bâton et chantant à tue-tête. Nous passâmes sous la poterne, puis, ayant jeté notre baluchon au pied des Michelettes, nous nous assîmes côte à côte sur une de ces vieilles bombardes de fer que la pluie et l'embrun écaillent depuis cinq siècles. Là, promenant des vieilles pierres au ciel son regard vague, et balançant ses pieds nus, il me dit : « J'aurais voulu vivre du temps de ces guerres et être un chevalier. J'aurais pris les deux Michelettes, j'en aurais pris vingt, j'en aurais pris cent; j'aurais pris tous les canons des Anglais. J'aurais combattu seul devant la poterne. Et l'archange saint Michel se serait tenu au-dessus de ma tête comme un nuage blanc. »

Ces paroles et le chant traînant dont il les disait me firent tressaillir. Je lui dis : « J'aurais été ton écuyer. Le Mansel, tu me plais; veux-tu être mon ami? » Et je lui tendis la main, qu'il prit avec solennité.

Au commandement du maître, nous chaussâmes nos souliers et notre petite troupe gravit la rampe étroite qui mène à l'abbaye. A mi-chemin, près d'un figuier rampant, nous vîmes la maisonnette où Tiphaine Raguenel, veuve de Bertrand du Guesclin, vécut, au péril de la mer. Ce logis est si étroit que c'est merveille s'il a été habité. Il faut que, pour y vivre, la bonne Tiphaine ait été une étrange petite vieille ou plutôt une sainte, menant une existence toute spirituelle. Le Mansel ouvrit les bras, comme pour embrasser cette bicoque angélique; puis s'étant agenouillé, il se mit à baiser les pierres sans entendre les rires de ses camarades qui, dans leur gaieté, commençaient à lui jeter des cailloux. Je ne raconterai pas notre promenade à travers les cachots, le cloître, les salles et la chapelle. Le Mansel semblait ne rien voir. D'ailleurs je n'ai rappelé cet épisode que pour vous montrer comment notre amitié était née.

Le lendemain, au dortoir, je fus réveillé par une voix qui me disait à l'oreille : « Tiphaine n'est pas morte. » Je me frottai les yeux et vis à côté de moi Le Mansel en chemise. Je l'invitai rudement à me laisser dormir et ne songeai plus à cette bizarre confidence.

A compter de ce jour, je compris le caractère de notre condisciple beaucoup mieux que je n'avais fait jusqu'alors, et j'y découvris un orgueil immense, que je n'avais pas soupçonné. Je ne vous surprendrai pas en vous disant qu'à quinze ans j'étais un médiocre psychologue ; mais l'orgueil de Le Mansel était trop subtil pour qu'on pût en être frappé tout d'abord. Il s'étendait sur de lointaines chimères et n'avait point de forme tangible. Cependant il inspirait tous les sentiments de mon ami et il donnait une espèce d'unité à ses idées baroques et incohérentes.

Pendant les vacances qui suivirent notre promenade au Mont-Saint-Michel, Le Mansel m'invita à passer une journée chez ses parents, cultivateurs et propriétaires à Saint-Julien. Ma mère me le permit, non sans quelque répugnance. Saint-Julien est à six kilomètres de la ville. Ayant mis un gilet blanc et une belle cravate bleue, je m'y rendis un dimanche, de bon matin.

Alexandre m'attendait sur le seuil, en souriant comme un petit enfant. Il me prit par la main et me fit entrer dans la « salle ». La maison, à demi rustique, à demi bourgeoise, n'était ni pauvre ni mal tenue. Pourtant j'eus le cœur serré en y entrant, tant il y régnait de silence et de tristesse. Là, près de la fenêtre, dont les rideaux étaient un peu soulevés, comme par une curiosité timide, je vis une femme qui me sembla vieille. Je ne répondrais pas qu'elle le fût alors autant qu'il me parut. Elle était maigre et jaune; ses yeux brillaient dans leur orbite noire, sous des paupières rouges. Bien qu'on fût en été, son corps et sa tête disparaissaient sous de sombres vêtements de laine. Mais ce qui la rendait tout à fait étrange, c'est la lame de métal qui cerclait son front comme un diadème.

— C'est maman, me dit Le Mansel. Elle a sa migraine.

Madame Le Mansel me fit un compliment d'une voix gémissante et, remarquant sans doute mon regard étonné qui s'attachait à son front :

— Mon jeune monsieur, me dit-elle en souriant, ce que je porte aux tempes n'est point une couronne; c'est un cercle magnétique pour guérir les maux de tête.

Je cherchais à répondre de mon mieux, quand Le Mansel m'entraîna dans le jardin, où nous trouvâmes un petit homme chauve qui glissait dans les allées comme un fantôme. Il était si mince et si léger qu'on pouvait craindre que le vent l'emportât. Son allure timide, son long cou décharné qu'il tendait en avant, sa tête grosse comme le poing, ses regards de côté, son pas sautillant, ses bras courts soulevés comme des ailerons, lui donnaient, autant que possible et plus que de raison, l'aspect d'une volaille plumée.

Mon ami Le Mansel me dit que c'était son papa, mais qu'il fallait le laisser aller à la basse-cour, parce qu'il ne vivait que dans la compagnie de ses poules et qu'il avait perdu près d'elle l'habitude de causer avec les hommes. Pendant qu'il parlait, monsieur Le Mansel père disparut à nos yeux, et nous entendîmes bientôt des gloussements joyeux s'élever dans l'air. Il était dans sa cour.

Le Mansel fit avec moi quelques tours de jardin et m'avertit que tout à l'heure, au dîner, je verrais sa grand'mère; que c'était une bonne dame, mais qu'il ne faudrait pas faire attention à ce qu'elle dirait, parce qu'elle avait quelquefois l'esprit dérangé. Puis il me mena dans une jolie charmille, et là il me dit à l'oreille, en rougissant :

— J'ai fait des vers sur Tiphaine Raguenel; je te les dirai une autre fois. Tu verras! tu verras!

La cloche sonna le dîner. Nous rentrâmes

dans la salle. Monsieur Le Mansel père y entra après nous avec un panier plein d'œufs.

— Dix-huit ce matin, dit-il d'une voix qui gloussait.

On nous servit une omelette délicieuse. J'étais assis entre madame Le Mansel, qui soupirait sous son diadème, et sa mère, une vieille Normande aux joues rondes, qui, n'ayant plus de dents, souriait des yeux. Elle me parut tout à fait avenante. Pendant que nous mangions le canard rôti et le poulet à la crème, la bonne dame nous faisait des contes agréables, et je ne remarquai pas que son esprit fût le moins du monde dérangé comme l'avait dit son petit-fils. Il me sembla au contraire qu'elle était la gaieté de la maison.

Après le dîner, nous passâmes dans un petit salon dont les meubles de noyer étaient garnis de velours d'Utrecht jaune. Une pendule à sujet brillait sur la cheminée entre deux flambeaux. Sur le socle noir de la pendule reposait, protégé par le globe qui la recouvrait, un œuf rouge. Je ne sais pourquoi, ayant une fois remarqué cet œuf, je me mis à le considérer attentivement. Les enfants ont de ces curiosités inexplicables. Je dois dire aussi que cet œuf était d'une couleur extraordinaire et magnifique. Il ne ressemblait en rien à ces œufs de Pâques qui, trempés dans du jus de betterave, y prennent cette teinte vineuse qu'admirent les marmots arrêtés devant l'étalage des fruitiers. Il était teint d'une pourpre royale. Je ne pus m'empêcher d'en faire la remarque avec l'indiscrétion de mon âge.

Monsieur Le Mansel père y répondit par une sorte de cocorico qui trahissait son admiration.

— Mon jeune monsieur, ajouta-t-il, cet œuf n'est point teint, comme vous semblez le croire. Il a été pondu tel que vous le voyez par une poule ceylandaise de mon poulailler. C'est un œuf phénoménal.

— Il ne faut point oublier de dire, mon ami, ajouta madame Le Mansel d'une voix dolente, que cet œuf fut pondu le jour même de la naissance de notre Alexandre.

— C'est positif, reprit monsieur Le Mansel.

Cependant la vieille grand'mère me regardait avec des yeux moqueurs et, pinçant ses lèvres molles, me faisait signe de n'en rien croire.

— Hum ! fit-elle tout bas, les poules couvent quelquefois ce qu'elles n'ont point pondu, et si quelque malin voisin glisse dans leur nitée un...

Son petit-fils l'interrompit avec violence. Il était pâle, ses mains tremblaient.

— Ne l'écoute pas, me cria-t-il. Tu sais ce que je t'ai dit. Ne l'écoute pas !

— C'est positif, répétait monsieur Le Mansel en fixant de côté son œil rond sur l'œuf pourpre.

La suite de mes relations avec Alexandre Le Mansel ne présente rien qui mérite d'être conté. Mon ami me parla souvent de ses vers à Tiphaine, mais il ne me les montra jamais. D'ailleurs je le perdis bientôt de vue. Ma mère m'envoya terminer mes études à Paris. J'y passai mes deux baccalauréats et j'y étudiai la médecine. Dans le temps que je préparais ma thèse de doctorat, je reçus une lettre de ma mère qui m'annonçait que ce pauvre Alexandre avait été très malade et qu'à la suite d'une terrible crise il était devenu craintif et défiant à l'excès, qu'il restait d'ailleurs tout à fait inoffensif et que, malgré le trouble de sa santé et de sa raison, il montrait une aptitude extraordinaire pour les mathématiques. Ces nouvelles n'étaient pas pour me surprendre. Bien des fois, en étudiant les troubles des centres nerveux, j'avais fait un retour sur mon pauvre ami de Saint-Julien et pronostiqué malgré moi la paralysie générale qui menaçait cet enfant d'une migraineuse et d'un microcéphale rhumatisant.

Les apparences ne me donnèrent pas raison d'abord. Alexandre Le Mansel, ainsi qu'on me le manda d'Avranches, retrouva à l'âge adulte une santé normale et donna des preuves certaines de la beauté de son intelligence. Il poussa très avant ses études mathématiques; même il envoya à l'Académie des sciences la solution de plusieurs équations non encore résolues, qui fut trouvée aussi élégante que juste. Absorbé par ces travaux, il ne trouvait que rarement le temps de m'écrire. Ses lettres étaient affectueuses, claires, bien ordonnées; il ne s'y rencontrait rien qui pût être suspect au neurologiste le plus soupçonneux. Mais bientôt notre correspondance cessa tout à fait et je restai dix ans sans entendre parler de lui.

Je fus bien surpris, l'an passé, quand mon domestique me remit la carte d'Alexandre Le Mansel en me disant que ce monsieur attendait dans l'antichambre. J'étais dans mon cabinet, et je traitais avec un de mes confrères une affaire professionnelle d'une certaine importance. Toutefois, je priai mon confrère de m'attendre une minute et je courus embrasser mon ancien camarade. Je le trouvai bien vieilli, chauve, hâve, d'une excessive maigreur. Je le pris par le bras et le conduisis dans le salon.

— Je suis bien content de te revoir, me dit-il, et j'ai beaucoup à te dire. Je suis en butte à des persécutions inouïes. Mais j'ai du courage, je lutterai vaillamment, je triompherai de mes ennemis!

Ces paroles m'inquiétèrent comme elles eussent inquiété à ma place tout autre médecin neurologiste.

J'y découvrais un symptôme de l'affection dont mon ami était menacé par les lois fatales de l'hérédité, et qui avait paru enrayée.

— Cher ami, nous causerons de tout cela, lui dis-je. Reste ici un moment. Je termine une affaire. Prends un livre pour te distraire en attendant.

Vous savez que j'ai beaucoup de livres et que mon salon contient, dans trois bibliothèques d'acajou, six mille volumes environ.

Pourquoi fallut-il que mon malheureux ami prit justement celui qui pouvait lui faire du mal et l'ouvrit à la page funeste? Je conférai vingt minutes environ avec mon collègue, puis, l'ayant congédié, je rentrai dans le salon où j'avais laissé Le Mansel. Je trouvai le malheureux dans l'état le plus effrayant. Il frappait un livre ouvert devant lui, que je reconnus tout de suite pour être la traduction de l'*Histoire Auguste*. Et il récitait à haute voix cette phrase de Lampride : « Le jour de la naissance d'Alexandre Sévère, une poule appartenant au père du nouveau-né pondit un œuf rouge, présage de la pourpre impériale que l'enfant devait revêtir. »

Son exaltation allait jusqu'à la fureur. Il écumait. Il criait : « L'œuf, l'œuf de mon jour natal! Je suis empereur. Je sais que tu veux me tuer. N'approche pas, misérable! » Il faisait les cent pas. Puis, revenant vers moi, les bras ouverts : « Mon ami, me disait-il, mon vieux camarade, que veux-tu que je te donne?... Empereur... Empereur... Mon père avait raison... L'œuf pourpre... Empereur, il faut l'être... Scélérat! pourquoi me cachais-tu ce livre? Je châtierai ce crime de haute trahison...

Empereur! Empereur! Je dois l'être. Oui, c'est le devoir. Allons, allons!... »

Il sortit. J'essayai en vain de le retenir. Il m'échappa. Vous savez le reste. Tous les journaux ont raconté comment, en sortant de chez moi, il acheta un revolver et brûla la cervelle au factionnaire qui lui barrait la porte de l'Élysée.

Ainsi une phrase écrite au IVe siècle par un historien latin occasionne quinze cents ans plus tard la mort d'un malheureux pioupiou de notre pays. Qui démêlera jamais l'écheveau des causes et des effets? Qui peut se flatter de dire en accomplissant un acte quelconque : Je sais ce que je fais? Mon cher ami, c'est tout ce que j'avais à vous conter. Le reste n'intéresse que les statistiques médicales et peut se dire en deux mots. Le Mansel, enfermé dans une maison de santé, resta quinze jours en proie à une folie furieuse. Puis il tomba dans une imbécillité complète, pendant laquelle sa gloutonnerie était telle qu'il dévorait jusqu'à la cire à frotter le parquet. Il s'est étouffé il y a trois mois en avalant une éponge.

Le docteur se tut et alluma une cigarette. Après un moment de silence :

— Docteur, lui dis-je, vous nous avez conté là une affreuse histoire.

— Elle est affreuse, répondit le docteur, mais elle est vraie. Je prendrais bien un petit verre de cognac.

ABEILLE

A Florentin Lorot.

ABEILLE

CHAPITRE PREMIER

Qui traite de la figure de la terre et sert d'introduction.

La mer recouvre aujourd'hui le sol où fut le duché des Clarides. Nul vestige de la ville et du château. Mais on dit qu'à une lieue au large, on voit, par les temps calmes, d'énormes troncs d'arbres debout au fond de l'eau. Un endroit du rivage qui sert de poste aux douaniers se nomme encore en ce temps-ci l'Échoppe-du-Tailleur. Il est extrêmement probable que ce nom est un souvenir d'un certain maître Jean dont il est parlé dans notre récit. La mer, qui gagne tous les ans de ce côté, recouvrira bientôt ce lieu si singulièrement nommé.

De tels changements sont dans la nature des choses. Les montagnes s'affaissent dans le cours des âges; le fond de la mer se soulève au contraire et porte jusqu'à la région des nuées et des glaces les coquillages et les madrépores.

Rien ne dure. La figure des terres et des mers change sans cesse. Seul le souvenir des âmes et des formes traverse les âges et nous rend présent ce qui n'était plus depuis longtemps.

En vous parlant des Clarides, c'est vers un passé très ancien que je veux vous ramener. Je commence :

La comtesse de Blanchelande, ayant mis sur ses cheveux d'or un chaperon noir brodé de perles...

Mais, avant d'aller plus avant, je supplie les personnes graves de ne point me lire. Ceci n'est pas écrit pour elles. Ceci n'est point écrit pour les âmes raisonnables qui méprisent les bagatelles et veulent qu'on les instruise toujours. Je n'ose offrir cette histoire qu'aux gens qui veulent bien qu'on les amuse et dont l'esprit est jeune et joue parfois. Ceux à qui suffisent des amusements pleins d'innocence me liront seuls jusqu'au bout. Je les prie, ceux-là, de faire connaître mon *Abeille* à leurs enfants, s'ils en ont de petits. Je souhaite que ce récit plaise aux jeunes garçons et aux jeunes filles; mais, à vrai dire, je n'ose l'espérer. Il est trop frivole pour eux et bon seulement pour les enfants du vieux temps. J'ai une jolie petite voisine de neuf ans dont j'ai examiné l'autre jour la bibliothèque particulière. J'y ai trouvé beaucoup de livres sur le microscope et les zoophytes, ainsi que plusieurs romans scientifiques. J'ouvris un de ces derniers et je tombai sur ces lignes : « La sèche, *Sepia officinalis*, est un mollusque céphalopode dont le corps contient un organe spongieux à trame de chiline associé à du carbonate de chaux. » Ma jolie petite voisine trouve ce roman très intéressant. Je la supplie, si elle ne veut pas me faire mourir de honte, de ne jamais lire l'histoire d'*Abeille*.

CHAPITRE II

*Où l'on voit ce que la rose blanche annonce
à la comtesse de Blanchelande.*

Ayant mis sur ses cheveux d'or un chaperon noir brodé de perles et noué à sa taille les cordelières des veuves, la comtesse de Blanchelande entra dans l'oratoire où elle avait coutume de prier chaque jour pour l'âme de son mari, tué en combat singulier par un géant d'Irlande.

Ce jour-là, elle vit une rose blanche sur le coussin de son prie-Dieu : à cette vue, elle pâlit; son regard se voila; elle renversa la tête et se tordit les mains. Car elle savait que lorsqu'une comtesse de Blanchelande doit mourir, elle trouve une rose blanche sur son prie-Dieu.

Connaissant par là que son heure était venue de quitter ce monde où elle avait été en si peu de jours épouse, mère et veuve, elle alla dans la chambre où son fils Georges dormait sous la garde des servantes. Il avait trois ans ; ses longs cils faisaient une ombre charmante sur ses joues, et sa bouche ressemblait à une fleur. En le voyant si petit et si beau, elle se mit à pleurer.

— Mon petit enfant, lui dit-elle d'une voix éteinte, mon cher petit enfant, tu ne m'auras pas connue et mon image va s'effacer à jamais de tes doux yeux. Pourtant je t'ai nourri de mon lait, afin d'être vraiment ta mère, et j'ai refusé pour l'amour de toi la main des meilleurs chevaliers.

Ce disant, elle baisa un médaillon où étaient son portrait et une boucle de ses cheveux, et elle le passa au cou de son fils. Alors une larme de la mère tomba sur la joue de l'enfant, qui s'agita dans son berceau et se frotta les paupières avec ses petits poings. Mais la comtesse détourna la tête et s'échappa de la chambre. Comment deux yeux qui allaient s'éteindre eussent-ils supporté l'éclat de deux yeux adorés où l'esprit commençait à poindre ?

Elle fit seller un cheval, et, suivie de son écuyer Francœur, elle se rendit au château des Clarides.

La duchesse des Clarides embrassa la comtesse de Blanchelande :

— Ma belle, quelle bonne fortune vous amène?

— La fortune qui m'amène n'est point bonne; écoutez-moi, amie. Nous fûmes mariées à peu d'années de distance et nous devînmes veuves par semblable aventure. Car en ce temps de chevalerie, les meilleurs périssent les premiers, et il faut être moine pour vivre longtemps. Quand vous devîntes mère, je l'étais depuis deux ans. Votre fille Abeille est belle comme le jour et mon petit Georges est sans méchanceté. Je vous aime et vous m'aimez. Or, apprenez que j'ai trouvé une rose blanche sur le coussin de mon prie-Dieu. Je vais mourir : je vous laisse mon fils.

La duchesse n'ignorait pas ce que la rose blanche annonce aux dames de Blanchelande. Elle se mit à pleurer et elle promit, au milieu des larmes, d'élever Abeille et Georges comme frère et sœur, et de ne rien donner à l'un sans que l'autre en eût la moitié.

Alors se tenant embrassées, les deux femmes approchèrent du berceau où, sous de légers rideaux bleus comme le ciel, dormait la petite Abeille, qui, sans ouvrir les yeux, agita ses petits bras. Et, comme elle écartait les doigts, on voyait sortir de chaque manche cinq petits rayons roses.

— Il la défendra, dit la mère de Georges.

— Et elle l'aimera, répondit la mère d'Abeille.

— Elle l'aimera, répéta une petite voix claire que la duchesse reconnut pour celle d'un Esprit logé depuis longtemps sous une pierre du foyer.

A son retour au manoir, la dame de Blanchelande distribua ses bijoux à ses femmes et, s'étant fait oindre d'essences parfumées et habiller de ses plus beaux vêtements afin d'honorer ce corps qui doit ressusciter au jour du jugement dernier, elle se coucha sur son lit et s'endormit pour ne plus s'éveiller.

CHAPITRE III

*Où commencent les amours de Georges de Blanchelande
et d'Abeille des Clarides.*

Contrairement au sort commun, qui est d'avoir plus de bonté que de beauté, ou plus de beauté que de bonté, la duchesse des Clarides était aussi bonne que belle, et elle était si belle que, pour avoir vu seulement son portrait, des princes la demandaient en mariage. Mais, à toutes les demandes, elle répondait :

— Je n'aurai qu'un mari, parce que je n'ai qu'une âme.

Pourtant, après cinq ans de deuil, elle quitta son long voile et ses vêtements noirs, afin de ne pas gâter la joie de ceux qui l'entouraient, et pour qu'on pût sourire et s'égayer librement en sa présence. Son duché comprenait une grande surface de terres avec des landes dont la bruyère couvrait l'étendue désolée, des lacs où les pêcheurs prenaient des poissons dont quelques-uns étaient magiques, et des montagnes qui s'élevaient dans des solitudes horribles au-dessus des régions souterraines habitées par les Nains.

Elle gouvernait les Clarides par les conseils d'un vieux moine échappé de Constantinople, lequel, ayant vu beaucoup de violences et de perfidies, croyait peu à la sagesse des hommes. Il vivait enfermé dans une tour avec ses oiseaux et ses livres, et, de là, il remplissait son office de conseiller d'après un petit nombre de maximes. Ses règles étaient : « Ne jamais remettre en vigueur une loi tombée en désuétude ; céder aux vœux des populations de peur des émeutes, et y céder le plus lentement possible parce que, dès qu'une réforme est accordée, le public en réclame une autre, et qu'on est renversé pour avoir cédé trop vite, de même que pour avoir résisté trop longtemps. »

La duchesse le laissait faire, n'entendant rien elle=même à la politique. Elle était compatissante et, ne pouvant estimer tous les hommes, elle plaignait ceux qui avaient le malheur d'être mauvais. Elle aidait les malheureux de toutes les manières, visitant les malades, consolant les veuves et recueillant les pauvres orphelins.

Elle élevait sa fille Abeille avec une sagesse charmante. Ayant formé cette enfant à n'avoir de plaisir qu'à bien faire, elle ne lui refusait aucun plaisir.

Cette excellente femme tint la promesse qu'elle avait faite à la pauvre comtesse de Blanchelande. Elle servit de mère à Georges et ne fit point de différence entre Abeille et lui. Ils grandissaient ensemble et Georges trouvait Abeille à son goût, bien que trop petite. Un jour, comme ils étaient encore au temps de leur première enfance, il s'approcha d'elle et lui dit :

— Veux-tu jouer avec moi?

— Je veux bien, dit Abeille.

— Nous ferons des pâtés avec de la terre, dit Georges.

Et ils en firent. Mais, comme Abeille ne faisait pas bien les siens, Georges lui frappa les doigts avec sa pelle. Abeille poussa des cris affreux, et l'écuyer Francœur, qui se promenait dans le jardin, dit à son jeune maître :

— Battre les demoiselles n'est pas le fait d'un comte de Blanchelande, monseigneur.

Georges eut d'abord envie de passer sa pelle à travers le corps de l'écuyer. Mais, l'entreprise présentant des difficultés insurmontables, il se résigna à accomplir une action plus aisée, qui fut de se mettre le nez contre un gros arbre et de pleurer abondamment.

Pendant ce temps, Abeille prenait soin d'entretenir ses larmes en s'enfonçant les poings dans les yeux ; et, dans son désespoir, elle se frottait le nez contre le tronc d'un arbre voisin. Quand la nuit vint envelopper la terre, Abeille et Georges pleuraient encore, chacun devant son arbre. Il fallut que la duchesse des Clarides prit sa fille d'une main et Georges de l'autre pour les ramener au château. Ils avaient les yeux rouges, le nez rouge, les joues luisantes ; ils soupiraient et reniflaient à fendre l'âme. Ils soupèrent de bon appétit ; après quoi on les mit chacun dans son lit. Mais ils en sortirent comme de petits fantômes dès que la chandelle eut été soufflée, et ils s'embrassèrent en chemise de nuit, avec de grands éclats de rire.

Ainsi commencèrent les amours d'Abeille des Clarides et de Georges de Blanchelande.

CHAPITRE IV

Qui traite de l'éducation en général et de celle de Georges en particulier.

Georges grandit dans le château au côté d'Abeille, qu'il nommait sa sœur en manière d'amitié et bien qu'il sût qu'elle ne l'était pas.

Il eut des maîtres en escrime, équitation, natation, gymnastique, danse, vénerie, fauconnerie, paume, et généralement en tous les arts. Il avait même un maître d'écriture. C'était un vieux clerc, humble de manière et très fier intérieurement, qui lui enseigna diverses écritures d'autant moins lisibles qu'elles étaient plus belles. Georges prit peu de plaisir et partant peu de profit aux leçons de ce vieux clerc, non plus qu'à celles d'un moine qui professait la

grammaire en termes barbares. Georges ne
concevait pas qu'on prît de la peine à apprendre
une langue qu'on parle naturellement et qu'on
nomme maternelle.

Il ne se plaisait qu'avec l'écuyer Francœur,
qui, ayant beaucoup chevauché par le monde,
connaissait les mœurs des hommes et des animaux, décrivait toutes sortes de pays et composait des chansons qu'il ne savait pas écrire.
Francœur fut de tous les maîtres de Georges le
seul qui lui apprit quelque chose, parce que
c'était le seul qui l'aimât vraiment et qu'il n'y
a de bonnes leçons que celles qui sont données
avec amour. Mais les deux porte-lunettes, le
maître d'écriture et le maître de grammaire, qui
se haïssaient l'un l'autre de tout leur cœur, se
réunirent pourtant tous deux dans une commune
haine contre le vieil écuyer, qu'ils accusèrent
d'ivrognerie.

Il est vrai que Francœur fréquentait un peu
trop le cabaret du Pot-d'Étain. C'est là qu'il
oubliait ses chagrins et qu'il composait ses
chansons. Il avait tort assurément.

Homère faisait les vers encore mieux que
Francœur, et Homère ne buvait que l'eau des
sources. Quant aux chagrins, tout le monde en

a, et ce qui peut les faire oublier, ce n'est pas le vin qu'on boit, c'est le bonheur qu'on donne aux autres. Mais Francœur était un vieil homme blanchi sous le harnais, fidèle, plein de mérite, et les deux maîtres d'écriture et de grammaire devaient cacher ses faiblesses au lieu d'en faire à la duchesse un rapport exagéré.

— Francœur est un ivrogne, disait le maître d'écriture, et, quand il revient de la taverne du Pot-d'Étain, il fait en marchant des *S* sur la route. C'est d'ailleurs la seule lettre qu'il ait jamais tracée ; car cet ivrogne est un âne, madame la duchesse.

Le maître de grammaire ajoutait :

— Francœur chante, en titubant, des chansons qui pèchent par les règles et ne sont sur aucun modèle. Il ignore la synecdoche, madame la duchesse.

La duchesse avait un dégoût naturel des cuistres et des délateurs. Elle fit ce que chacun de nous eût fait à sa place : elle ne les écouta pas d'abord ; mais, comme ils recommençaient sans cesse leurs rapports, elle finit par les croire et résolut d'éloigner Francœur. Toutefois, pour lui donner un exil honorable, elle l'envoya à Rome chercher la bénédiction du pape. Ce voyage était d'autant plus long pour l'écuyer Francœur que beaucoup de tavernes, hantées par des musiciens, séparent le duché des Clarides du siège apostolique.

On verra par la suite du récit que la duchesse regretta bientôt d'avoir privé les deux enfants de leur gardien le plus sûr.

CHAPITRE V

Qui dit comment la duchesse mena Abeille et Georges à l'Ermitage et la rencontre qu'ils y firent d'une affreuse vieille.

Ce matin-là, qui était celui du premier dimanche après Pâques, la duchesse sortit du château sur son grand alezan, ayant à sa gauche Georges de Blanchelande, qui montait un cheval jayet dont la tête était noire avec une étoile au front, et, à sa droite, Abeille, qui gouvernait avec des rênes roses son cheval à la robe isabelle. Ils allaient entendre la messe à l'Ermitage. Des soldats armés de lances leur faisaient escorte et la foule se pressait sur leur passage pour les admirer. Et, en vérité, ils étaient bien beaux tous les trois. Sous son voile aux fleurs d'argent et dans son manteau flottant, la duchesse avait un air de majesté charmante ; et les perles dont sa coiffure était brodée jetaient un éclat plein de douceur qui convenait à la figure et à l'âme de cette belle personne. Près d'elle, les cheveux flottants et l'œil vif, Georges avait tout à fait bonne mine. Abeille, qui chevauchait de l'autre côté, laissait voir un visage dont les couleurs tendres et pures étaient pour les yeux une délicieuse caresse ; mais rien n'était plus admirable que sa blonde chevelure, qui, ceinte d'un bandeau à trois fleurons d'or, se répandait sur ses épaules comme l'éclatant manteau de sa jeunesse et de sa beauté. Les bonnes gens disaient en la voyant : « Voilà une gentille demoiselle! »

Le maître tailleur, le vieux Jean, prit son petit-fils Pierre dans ses bras pour lui montrer Abeille, et Pierre demanda si elle était vivante ou si elle n'était pas plutôt une image de cire. Il ne concevait pas qu'on pût être si blanche et si mignonne en appartenant à l'espèce dont il était lui-même, le petit Pierre, avec ses bonnes grosses joues hâlées et sa chemisette bise lacée dans le dos d'une rustique manière.

Tandis que la duchesse recevait les hommages avec bienveillance, les deux enfants laissaient voir le contentement de leur orgueil, Georges par sa rougeur, Abeille par ses sourires. C'est pourquoi la duchesse leur dit :

— Ces braves gens nous saluent de bon cœur. Georges qu'en pensez-vous? Et qu'en pensez-vous, Abeille?

— Qu'ils font bien, répondit Abeille.

— Et que c'est leur devoir, ajouta Georges.

— Et d'où vient que c'est leur devoir? demanda la duchesse.

Voyant qu'ils ne répondaient pas, elle reprit :

— Je vais vous le dire. De père en fils, depuis plus de trois cents ans, les ducs des Clarides défendent, la lance au poing, ces pauvres gens, qui leur doivent de pouvoir moissonner les champs qu'ils ont ensemencés. Depuis plus de trois cents ans, toutes les duchesses des Clarides filent la laine pour les pauvres, visitent les malades et tiennent les nouveau-nés sur les fonts du baptême. Voilà pourquoi l'on vous salue, mes enfants.

Georges songea : « Il faudra protéger les laboureurs. » Et Abeille : « Il faudra filer de la laine pour les pauvres. »

Et ainsi devisant et songeant, ils cheminaient

entre les prairies étoilées de fleurs. Des montagnes bleues dentelaient l'horizon. Georges étendit la main vers l'Orient :

— N'est-ce point, demanda-t-il, un grand bouclier d'acier que je vois là-bas?

— C'est plutôt une agrafe d'argent grande comme la lune, dit Abeille.

— Ce n'est point un bouclier d'acier ni une agrafe d'argent, mes enfants, répondit la duchesse, mais un lac qui brille au soleil. La surface des eaux, qui vous semble de loin unie comme un miroir, est agitée d'innombrables lames. Les bords de ce lac, qui vous apparaissent si nets et comme taillés dans le métal, sont en réalité couverts de roseaux aux aigrettes légères et d'iris dont la fleur est comme un regard humain entre des glaives. Chaque matin, une blanche vapeur revêt le lac, qui, sous le soleil de midi, étincelle comme une armure. Mais il n'en faut point approcher; car il est habité par les Ondines, qui entraînent les passants dans leur manoir de cristal.

A ce moment, ils entendirent la clochette de l'Ermitage.

— Descendons, dit la duchesse, et allons à pied à la chapelle. Ce n'est ni sur leur éléphant ni sur leur chameau que les rois mages s'approchèrent de la Crèche.

Ils entendirent la messe de l'ermite. Une vieille, hideuse et couverte de haillons, s'était agenouillée au côté de la duchesse, qui, en sortant de l'église, offrit de l'eau bénite à la vieille et dit :

— Prenez, ma mère.

Georges s'étonnait.

— Ne savez-vous point, dit la duchesse, qu'il faut honorer dans les pauvres les préférés de Jésus-Christ ? Une mendiante semblable à celle-ci vous tint avec le bon duc des Rochesnoires sur les fonts du baptême ; et votre petite sœur Abeille eut pareillement un pauvre pour parrain.

La vieille, qui avait deviné les sentiments du jeune garçon, se pencha vers lui en ricanant et dit :

— Je vous souhaite, beau prince, de conquérir autant de royaumes que j'en ai perdus. J'ai été reine de l'Ile des Perles et des Montagnes d'Or ; j'avais chaque jour quatorze sortes de poissons à ma table, et un négrillon me portait ma queue.

— Et par quel malheur avez-vous perdu vos

îles et vos montagnes, bonne femme? demanda la duchesse.

— J'ai mécontenté les Nains, qui m'ont transportée loin de mes États.

— Les Nains ont-ils tant de pouvoir? demanda Georges.

— Vivant dans la terre, répondit la vieille, ils connaissent les vertus des pierres, travaillent les métaux et découvrent les sources.

La duchesse :

— Et que fîtes-vous qui les fâcha, la mère?

La vieille :

— Un d'eux vint, par une nuit de décembre, me demander la permission de préparer un grand réveillon dans les cuisines du château, qui, plus vastes qu'une salle capitulaire, étaient meublées de casseroles, poêles, poêlons, chaudrons, coquemars, fours de campagne, grils, sauteuses, lèchefrites, cuisinières, poissonnières, bassines, moules à pâtisserie, cruches de cuivre, hanaps d'or et d'argent et de madre madré, sans compter le tournebroche de fer artistement forgé et la marmite ample et noire suspendue à la crémaillère. Il me promit de ne rien égarer ni endommager. Je lui refusai pourtant ce qu'il me demandait, et il se retira en murmurant d'obscures menaces. La troisième nuit, qui était celle de Noël, le même Nain revint dans la chambre où je dormais; il était accompagné d'une infinité d'autres qui, m'arrachant de mon lit, me transportèrent en chemise sur une terre inconnue.

— Voilà, dirent-ils en me quittant, voilà le châtiment des riches qui ne veulent point accorder de part dans leurs trésors au peuple laborieux et doux des Nains, qui travaillent l'or et font jaillir les sources.

Ainsi parla l'édentée vieille femme, et la duchesse, l'ayant réconfortée de paroles et d'argent, reprit avec les deux enfants le chemin du château.

CHAPITRE VI

Qui traite de ce que l'on voit du donjon des Clarides.

A peu de temps de là, Abeille et Georges montèrent un jour, sans qu'on les vît, l'escalier du donjon qui s'élevait au milieu du château des Clarides. Parvenus sur la plate-forme, ils poussèrent de grands cris et battirent des mains:

Leur vue s'étendait sur des coteaux coupés en petits carrés bruns ou verts de champs cultivés. Des bois et des montagnes bleuissaient à l'horizon lointain.

— Petite sœur, s'écria Georges, petite sœur, regarde la terre entière !

— Elle est bien grande, dit Abeille.

— Mes professeurs, dit Georges, m'avaient

enseigné qu'elle était grande; mais comme dit Gertrude, notre gouvernante, il faut le voir pour le croire.

Ils firent le tour de la plate-forme.

— Vois une chose merveilleuse, petit frère, s'écria Abeille. Le château est situé au milieu de la terre et nous, qui sommes sur le donjon qui est au milieu du château, nous nous trouvons au milieu du monde. Ha! ha! ha!

En effet, l'horizon formait autour des enfants un cercle dont le donjon était le centre.

— Nous sommes au milieu du monde, ha! ha! ha! répéta Georges.

Puis tous deux se mirent à songer.

— Quel malheur que le monde soit si grand! dit Abeille : on peut s'y perdre et y être séparé de ses amis.

Georges haussa les épaules :

— Quel bonheur que le monde soit si grand! on peut y chercher des aventures. Abeille, je veux, quand je serai grand, conquérir ces montagnes qui sont tout au bout de la terre. C'est là que se lève la lune; je la saisirai au passage et je te la donnerai, mon Abeille.

— C'est cela! dit Abeille; tu me la donneras et je la mettrai dans mes cheveux.

Puis ils s'occupèrent à chercher comme sur une carte les endroits qui leur étaient familiers.

— Je me reconnais très bien, dit Abeille (qui ne se reconnaissait point du tout), mais je ne devine pas ce que peuvent être toutes ces petites pierres carrées semées sur le coteau.

— Des maisons! lui répondit Georges; ce sont des maisons. Ne reconnais-tu pas, petite sœur, la capitale du duché des Clarides? C'est pourtant une grande ville : elle a trois rues dont une est carrossable. Nous la traversâmes la semaine passée pour aller à l'Ermitage. T'en souvient-il?

— Et ce ruisseau qui serpente?

— C'est la rivière. Vois, là-bas, le vieux pont de pierre.

— Le pont sous lequel nous pêchâmes des écrevisses?

— Celui-là même et qui porte dans une niche la statue de la « Femme sans tête ». Mais on ne la voit pas d'ici parce qu'elle est trop petite.

— Je me la rappelle. Pourquoi n'a-t-elle pas de tête?

— Mais probablement parce qu'elle l'a perdue.

Sans dire si cette explication la contentait, Abeille contemplait l'horizon.

— Petit frère, petit frère, vois-tu ce qui brille du côté des montagnes bleues? C'est le lac!

— C'est le lac!

Ils se rappelèrent alors ce que la duchesse leur avait dit de ces eaux dangereuses et belles où les Ondines avaient leur manoir.

— Allons-y! dit Abeille.

Cette résolution bouleversa Georges, qui, ouvrant une grande bouche, s'écria :

— La duchesse nous a défendu de sortir seuls, et comment irions-nous à ce lac qui est au bout du monde?

— Comment nous irons, je ne le sais pas, moi. Mais tu dois le savoir, toi qui es un homme et qui as un maître de grammaire.

Georges, piqué, répondit qu'on pouvait être un homme et même un bel homme sans savoir tous les chemins du monde. Abeille prit un petit air dédaigneux qui le fit rougir jusqu'aux oreilles, et elle dit d'un ton sec :

— Je n'ai pas promis, moi, de conquérir les montagnes bleues et de décrocher la lune. Je ne sais pas le chemin des lacs, mais je le trouverai bien, moi!

— Ah! ah! ah! s'écria Georges en s'efforçant de rire.

— Vous riez comme un cornichon, monsieur.

— Abeille, les cornichons ne rient ni ne pleurent.

— S'ils riaient, ils riraient comme vous, monsieur. J'irai seule au lac. Et pendant que je découvrirai les belles eaux qu'habitent les Ondines, vous resterez seul au château, comme une petite fille. Je vous laisserai mon métier et ma poupée. Vous en aurez grand soin, Georges : vous en aurez grand soin.

Georges avait de l'amour-propre. Il fut sensible à la honte que lui faisait Abeille. La tête basse, très sombre, il s'écria d'une voix sourde :

— Eh bien! nous irons au lac!

CHAPITRE VII

Où il est dit comment Abeille et Georges s'en allèrent au lac.

Le lendemain après le dîner de midi, tandis que la duchesse était retirée dans sa chambre, Georges prit Abeille par la main.
— Allons! lui dit-il.
— Où?
— Chut!
Ils descendirent l'escalier et traversèrent les cours. Quand ils eurent passé la poterne, Abeille demanda pour la seconde fois où ils allaient.
— Au lac! répondit résolument Georges.
Demoiselle Abeille ouvrit une grande bouche et resta coite. Aller si loin sans permission,

en souliers de satin ! Car elle avait des souliers de satin. Était-ce raisonnable?

— Il faut y aller et il n'est pas nécessaire d'être raisonnable.

Telle fut la sublime réponse de Georges à Abeille. Elle lui avait fait honte et maintenant elle faisait l'étonnée... C'est lui, cette fois, qui la renvoyait dédaigneusement à sa poupée. Les filles poussent aux aventures et s'y dérobent. Fi! le vilain caractère! Qu'elle reste! Il irait seul.

Elle lui prit le bras; il la repoussa. Elle se suspendit au cou de son frère.

— Petit frère! disait-elle en sanglotant, je te suivrai.

Il se laissa toucher par un si beau repentir.

— Viens, dit-il, mais ne passons pas par la ville, car on pourrait nous voir. Il vaut mieux suivre les remparts et gagner la grand'route par le chemin de traverse.

Et ils allèrent en se tenant par la main. Georges expliquait le plan qu'il avait arrêté.

— Nous suivrons, disait-il, la route que nous avons prise pour aller à l'Ermitage; nous ne manquerons pas d'apercevoir le lac comme nous l'avons aperçu l'autre fois et alors nous

nous y rendrons à travers champs, en ligne d'abeille.

En ligne d'abeille est une agreste et jolie façon de dire en ligne droite; mais ils se mirent à rire à cause du nom de la jeune fille qui venait bizarrement dans ce propos.

Abeille cueillit des fleurs au bord du fossé : c'étaient des fleurs de mauve, des bouillons blancs, des asters et des chrysanthèmes dont elle fit un bouquet; dans ses petites mains, les fleurs se fanaient à vue d'œil et elles étaient pitoyables à voir quand Abeille passa le vieux pont de pierre. Comme elle ne savait que faire de son bouquet, elle eut l'idée de le jeter à l'eau pour le rafraîchir, mais elle aima mieux le donner à la « Femme sans tête ».

Elle pria Georges de la soulever dans ses bras pour être assez grande, et elle déposa sa brassée de fleurs agrestes entre les mains jointes de la vieille figure de pierre.

Quand elle fut loin, elle détourna la tête et vit une colombe sur l'épaule de la statue.

Ils marchaient depuis quelque temps, Abeille dit :

— J'ai soif.

— Moi aussi, dit Georges, mais la rivière est

loin derrière nous et je ne vois ni ruisseau ni fontaine.

— Le soleil est si ardent qu'il les aura tous bus. Qu'allons-nous faire?

Ainsi ils parlaient et se lamentaient, quand ils virent venir une paysanne qui portait des fruits dans un panier.

— Des cerises! s'écria Georges. Quel malheur que je n'aie pas d'argent pour en acheter!

— J'ai de l'argent, moi! dit Abeille.

Elle tira de sa poche une bourse garnie de cinq pièces d'or et, s'adressant à la paysanne :

— Bonne femme, dit-elle, voulez-vous me donner autant de cerises que ma robe en pourra tenir?

Ce disant, elle soulevait à deux mains le bord de sa jupe. La paysanne y jeta deux ou trois poignées de cerises. Abeille prit d'une seule main sa jupe retroussée, tendit de l'autre une pièce d'or à la femme et dit :

— Est-ce assez, cela?

La paysanne saisit cette pièce d'or, qui eût payé largement toutes les cerises du panier avec l'arbre qui les avait portées et le clos où cet arbre était planté. Et la rusée répondit :

— Je n'en demande pas davantage, pour vous obliger, ma petite princesse.

— Alors, reprit Abeille, mettez d'autres cerises dans le chapeau de mon frère et vous aurez une autre pièce d'or.

Ce fut fait. La paysanne continua son chemin en se demandant dans quel bas de laine, au fond de quelle paillasse elle cacherait ses deux pièces d'or. Et les deux enfants suivirent leur route, mangeant les cerises et jetant les noyaux à droite et à gauche. Georges chercha les cerises qui se tenaient deux à deux par la queue, pour en faire des pendants d'oreille à sa sœur, et il riait de voir ces beaux fruits jumeaux, à la chair vermeille, se balancer sur la joue d'Abeille.

Un caillou arrêta leur marche joyeuse. Il s'était logé dans le soulier d'Abeille qui se mit à clocher. A chaque saut qu'elle faisait, ses boucles blondes s'agitaient sur ses joues, et elle alla, ainsi clochant, s'asseoir sur le talus de la route. Là, son frère, agenouillé à ses pieds, retira le soulier de satin; il le secoua et un petit caillou blanc en sortit.

Alors, regardant ses pieds, elle dit :

— Petit frère, quand nous retournerons au lac, nous mettrons des bottes.

Le soleil s'inclinait déjà dans le firmament radieux; un souffle de brise caressa les joues et le cou des jeunes voyageurs, qui, rafraîchis et ranimés, poursuivirent hardiment leur voyage. Pour mieux marcher, ils chantaient en se tenant par la main, et ils riaient de voir devant eux s'agiter leurs deux ombres unies. Ils chantaient :

> Marian' s'en allant au moulin,
> Pour y faire moudre son grain,
>   Ell' monta sur son âne.
>   Ma p'tite mam'sell' Marianne!
> Ell' monta sur son âne Martin
>   Pour aller au moulin...

Mais Abeille s'arrête; elle s'écrie :

— J'ai perdu mon soulier, mon soulier de satin!

Et cela était comme elle le disait. Le petit soulier, dont les cordons de soie s'étaient relâchés dans sa marche, gisait tout poudreux sur la route.

Alors elle regarda derrière elle et, voyant les tours du château des Clarides effacées dans la brume lointaine, elle sentit son cœur se serrer et des larmes lui venir aux yeux.

— Les loups nous mangeront, dit-elle; et

notre mère ne nous verra plus, et elle mourra de chagrin.

Mais Georges lui remit son soulier et lui dit :

— Quand la cloche du château sonnera le souper, nous serons de retour aux Clarides. En avant!

> Le meunier qui la voit venir
> Ne peut s'empêcher de lui dire :
> Attachez là votre âne,
> Ma p'tite mam'sell' Marianne,
> Attachez là votre âne Martin
> Qui vous mène au moulin.

— Le lac! Abeille, vois : le lac, le lac, le lac !
— Oui, Georges, le lac !

Georges cria *hourra!* et jeta son chapeau en l'air. Abeille avait trop de retenue pour jeter semblablement sa coiffe; mais, ôtant son soulier qui ne tenait guère, elle le lança par-dessus sa tête en signe de réjouissance. Il était là, le lac, au fond de la vallée, dont les pentes circulaires faisaient aux ondes argentées une grande coupe de feuillage et de fleurs. Il était là, tranquille et pur, et l'on voyait un frisson passer sur la verdure encore confuse de ses rives. Mais les deux enfants ne découvraient dans la futaie aucun chemin qui menât à ses belles eaux.

Tandis qu'ils en cherchaient un, ils eurent les mollets mordus par des oies qu'une petite fille, vêtue d'une peau de mouton, suivait avec sa gaule. Georges lui demanda comment elle se nommait.

— Gilberte.

— Eh bien, Gilberte, comment va-t-on au lac?

— On n'y va pas.

— Pourquoi?

— Parce que...

— Mais si on y allait?

— Si on y allait, il y aurait un chemin et on prendrait ce chemin.

Il n'y avait rien à répondre à la gardeuse d'oies.

— Allons, dit Georges, nous trouverons sans doute plus loin un sentier sous bois.

— Nous y cueillerons des noisettes, dit Abeille, et nous les mangerons, car j'ai faim. Il faudra, quand nous retournerons au lac, emporter une valise pleine de choses bonnes à manger.

Georges :

— Nous ferons ce que tu dis, petite sœur; j'approuve à présent l'écuyer Francœur, qui, lorsqu'il partit pour Rome, emporta un jambon pour la faim et une dame-jeanne pour la soif. Mais hâtons-nous, car il me semble que le jour s'avance, quoique je ne sache pas l'heure.

— Les bergères la savent en regardant le soleil, dit Abeille; mais je ne suis pas bergère. Il me semble pourtant que le soleil, qui était sur notre tête quand nous partîmes, est maintenant là-bas, loin derrière la ville et le château des Clarides. Il faudrait savoir s'il en est ainsi tous les jours et ce que cela signifie.

Tandis qu'ils observaient ainsi le soleil, un nuage de poussière se leva sur la route, et ils aperçurent des cavaliers qui s'avançaient à bride abattue et dont les armes brillaient. Les enfants eurent grand'peur et s'allèrent cacher dans les fourrés. Ce sont des voleurs ou plutôt des ogres, pensaient-ils. En réalité, c'étaient des gardes que la duchesse des Clarides avait envoyés à la recherche des deux petits aventureux.

Les deux petits aventureux trouvèrent dans le fourré un sentier étroit, qui n'était point un sentier d'amoureux, car on n'y pouvait marcher deux de front en se tenant par la main à la façon des fiancés. Aussi n'y trouvait-on point l'empreinte de pas humains. On y voyait seulement le creux laissé par une infinité de petits pieds fourchus.

— Ce sont des pieds de diablotins, dit Abeille.

— Ou de biches, dit Georges.

La chose n'a point été éclaircie. Mais ce qu'il y a de certain, c'est que le sentier descendait en pente douce jusqu'au bord du lac, qui apparut aux deux enfants dans sa languissante et silencieuse beauté. Des saules arrondissaient sur les bords leur feuillage tendre. Des roseaux balançaient sur les eaux leurs glaives souples et leurs délicats panaches; ils formaient des îles frissonnantes autour desquelles les nénufars étalaient leurs grandes feuilles en cœur et leurs fleurs à la chair blanche. Sur ces îles fleuries, les demoiselles, au corsage d'émeraude ou de saphir et aux ailes de flamme, traçaient d'un vol strident des courbes brusquement brisées.

Et les deux enfants trempaient avec délices leurs pieds brûlants dans le gravier humide où couraient la pesse touffue et la massette aux longs dards. L'acore leur jetait les parfums de son humble tige; autour d'eux le plantain déroulait sa dentelle au bord des eaux dormantes, que l'épilobe étoilait de ses fleurs violettes.

CHAPITRE VIII

Où l'on voit ce qu'il en coûta à Georges de Blanchelande pour s'être approché du lac habité par les Ondines.

Abeille s'avança sur le sable entre deux bouquets de saules, et devant elle le petit Génie du lieu sauta dans l'eau en laissant à la surface des cercles qui s'agrandirent et s'effacèrent. Ce Génie était une petite grenouille verte au ventre blanc. Tout se taisait; un souffle frais passait sur ce lac clair, dont chaque lame avait le pli gracieux d'un sourire.

— Ce lac est joli, dit Abeille; mais mes pieds saignent dans mes petits souliers déchirés et j'ai grand'faim. Je voudrais bien être dans le château.

— Petite sœur, dit Georges, assieds-toi sur

l'herbe. Je vais, pour les rafraîchir, envelopper tes pieds dans des feuilles; puis j'irai te chercher à souper. J'ai vu là-haut, proche de la route, des ronces toutes noires de mûres. Je t'apporterai dans mon chapeau les plus belles et les plus sucrées. Donne-moi ton mouchoir; j'y mettrai des fraises, car il y a des fraisiers ici près, au bord du sentier, à l'ombre des arbres. Et je remplirai mes poches de noisettes.

Il arrangea au bord du lac, sous un saule, un lit de mousse pour Abeille, et il partit.

Abeille, étendue, les mains jointes, sur son lit de mousse, vit des étoiles s'allumer en tremblant dans le ciel pâle; puis ses yeux se fermèrent à demi; pourtant il lui sembla voir en l'air un petit Nain monté sur un corbeau. Ce n'était point une illusion. Ayant tiré les rênes que mordait l'oiseau noir, le Nain s'arrêta au-dessus de la jeune fille et fixa sur elle ses yeux ronds, puis il piqua des deux et partit au grand vol. Abeille vit confusément ces choses et s'endormit.

Elle dormait quand Georges revint avec sa cueillette, qu'il déposa près d'elle. Il descendit au bord du lac en attendant qu'elle se réveillât. Le lac dormait sous sa délicate couronne de feuillage. Une vapeur légère traînait mollement sur les eaux. Tout à coup la lune se montra entre les branches; aussitôt les ondes furent jonchées d'étincelles.

Georges vit bien que ces lueurs qui éclairaient les eaux n'étaient pas toutes le reflet brisé de la lune, car il remarqua des flammes bleues qui s'avançaient en tournoyant avec des ondulations et des balancements comme si elles dansaient des rondes. Il reconnut bientôt que ces flammes tremblaient sur des fronts blancs, sur des fronts de femmes. En peu de temps, de belles têtes couronnées d'algues et de pétoncles, des épaules sur lesquelles se répandaient des chevelures vertes, des poitrines brillantes de perles, et d'où glissaient des voiles, s'élevèrent au-dessus des vagues. L'enfant reconnut les Ondines et voulut fuir. Mais déjà des bras pâles et froids l'avaient saisi et il était emporté, malgré ses efforts et ses cris, à travers les eaux, dans des galeries de cristal et de porphyre.

CHAPITRE IX

Où l'on voit comment Abeille fut conduite chez les Nains.

La lune s'était élevée au-dessus du lac, et les eaux ne reflétaient plus que le disque émietté de l'astre. Abeille dormait encore. Le Nain qui l'avait observée revint vers elle sur son corbeau. Il était suivi cette fois d'une troupe de petits hommes. C'étaient de très petits hommes. Une barbe blanche leur pendait jusqu'aux genoux. Ils avaient l'aspect de vieillards avec une taille d'enfant. A leurs tabliers de cuir et aux marteaux qu'ils portaient suspendus à leur ceinture on les reconnaissait pour des ouvriers travaillant les métaux. Leur démarche était étrange; sautant à de grandes hauteurs et faisant d'étonnantes culbutes, ils montraient une inconcevable agilité, et en cela ils étaient moins semblables à des hommes qu'à des esprits. Mais en faisant leurs cabrioles les plus folâtres, ils gardaient une inaltérable gravité, en sorte qu'il était impossible de démêler leur véritable caractère.

Ils se placèrent en cercle autour de la dormeuse.

— Eh bien! dit du haut de sa monture emplumée le plus petit des Nains; eh bien! vous ai-je trompés en vous avertissant que la plus jolie princesse de la terre dormait au bord du lac, et ne me remerciez-vous pas de vous l'avoir montrée?

— Nous t'en remercions, Bob, répondit un des Nains qui avait l'air d'un vieux poète; en effet, il n'est rien au monde de si joli que cette jeune demoiselle. Son teint est plus rose que l'aurore qui se lève sur la montagne, et l'or que nous forgeons n'est pas aussi éclatant que celui de cette chevelure.

— Il est vrai, Pic; Pic, rien n'est plus vrai! répondirent les Nains; mais que ferons-nous de cette jolie demoiselle?

Pic, semblable à un poète très âgé, ne répondit point à cette question des Nains, parce qu'il ne savait pas mieux qu'eux ce qu'il fallait faire de la jolie demoiselle.

Un Nain, nommé Rug, leur dit :

— Construisons une grande cage et nous l'y enfermerons.

Un autre Nain, nommé Dig, combattit la proposition de Rug. De l'avis de Dig, on ne mettait en cage que les animaux sauvages, et rien ne pouvait encore faire deviner que la jolie demoiselle fût de ceux-là.

Mais Rug tenait à son idée, faute d'en avoir une autre à mettre à la place. Il la défendit avec subtilité :

— Si cette personne, dit-il, n'est point sauvage, elle ne manquera pas de le devenir par l'effet de la cage, qui deviendra, en conséquence, utile et même indispensable.

Ce raisonnement déplut aux Nains, et l'un d'eux, nommé Tad, le condamna avec indignation. C'était un Nain plein de vertu. Il proposa de ramener la belle enfant à ses parents, qu'il pensait être de puissants seigneurs.

Cet avis du vertueux Tad fut repoussé comme contraire à la coutume des Nains.

— C'est la justice, disait Tad, et non la coutume qu'il faut suivre.

On ne l'écoutait plus, et l'assemblée s'agitait tumultueusement, lorsqu'un Nain, nommé Pau, qui avait l'esprit simple, mais juste, donna son avis en ces termes :

— Il faut commencer par réveiller cette demoiselle, puisqu'elle ne se réveille pas d'elle-même; si elle passe la nuit de la sorte, elle aura demain les paupières gonflées et sa beauté en sera moindre, car il est très malsain de dormir dans un bois au bord d'un lac.

Cette opinion fut généralement approuvée, parce qu'elle n'en contrariait aucune autre.

Pic, semblable à un vieux poète accablé de maux, s'approcha de la jeune fille et la contempla gravement, dans la pensée qu'un seul de ses regards suffirait pour tirer la dormeuse du fond du plus épais sommeil. Mais Pic s'abusait sur le pouvoir de ses yeux, et Abeille continua à dormir les mains jointes.

Ce que voyant, le vertueux Tad la tira doucement par la manche. Alors elle entr'ouvrit les yeux et se souleva sur son coude. Quand elle se vit sur un lit de mousse, entourée de Nains, elle crut que ce qu'elle voyait était un rêve de la nuit et elle frotta ses yeux pour les dessiller, et afin qu'il y entrât, au lieu de la vision fantastique, la pure lumière du matin visitant sa chambre bleue, où elle croyait être. Car son esprit, engourdi par le sommeil, ne lui rappelait pas l'aventure du lac. Mais elle avait beau se frotter les yeux, les Nains n'en sortaient pas; il lui fallut bien croire qu'ils étaient véritables. Alors, promenant ses regards inquiets, elle vit la forêt, rappela ses souvenirs et cria avec angoisse :

— Georges! mon frère Georges!

Les Nains s'empressaient autour d'elle; et, de peur de les voir, elle se cachait le visage dans les mains.

— Georges! Georges! où est mon frère Georges? criait-elle en sanglotant.

Les Nains ne le lui dirent pas, par la raison qu'ils l'ignoraient. Et elle pleurait à chaudes larmes en appelant sa mère et son frère.

Pau eut envie de pleurer comme elle; mais, pénétré du désir de la consoler, il lui adressa quelques paroles vagues.

— Ne vous tourmentez point, lui dit-il; il serait dommage qu'une si jolie demoiselle se gâtât les yeux à pleurer. Contez-nous plutôt votre histoire, elle ne peut manquer d'être divertissante. Nous y prendrons un plaisir extrême.

Elle ne l'écoutait point. Elle se mit debout et voulut s'enfuir. Mais ses pieds enflés et nus lui causèrent une si vive douleur qu'elle tomba sur ses genoux en sanglotant de plus belle. Tad la soutint dans ses bras et Pau lui baisa doucement la main. C'est pourquoi elle osa les regarder et elle vit qu'ils avaient l'air plein de pitié. Pic lui sembla un être inspiré, mais innocent, et, s'apercevant que tous ces petits hommes lui montraient de la bienveillance, elle leur dit :

— Petits hommes, il est dommage que vous soyez si laids; mais je vous aimerai tout de même si vous me donnez à manger, car j'ai faim.

— Bob! s'écrièrent à la fois tous les Nains; allez chercher à souper.

Et Bob partit sur son corbeau. Toutefois les Nains ressentaient l'injustice qu'avait cette fillette de les trouver laids. Rug en était fort en colère. Pic se disait : « Ce n'est qu'une enfant et elle ne voit pas le feu du génie qui brille dans mes regards et leur donne tour à tour la force qui terrasse et la grâce qui charme. » Pau songeait : « J'aurais peut-être mieux fait de ne pas éveiller cette jeune demoiselle qui nous trouve laids. » Mais Tad dit en souriant :

— Mademoiselle, vous nous trouverez moins laids quand vous nous aimerez davantage.

A ces mots, Bob reparut sur son corbeau. Il portait sur un plat d'or une perdrix rôtie, avec un pain de gruau et une bouteille de vin de Bordeaux. Il déposa ce souper aux pieds d'Abeille en faisant un nombre incalculable de culbutes.

Abeille mangea et dit :

— Petits hommes, votre souper était très bon. Je me nomme Abeille; cherchons mon frère et allons ensemble aux Clarides, où maman nous attend dans une grande inquiétude.

Mais Dig, qui était un bon Nain, représenta à Abeille qu'elle était incapable de marcher; que son frère était assez grand pour se retrouver lui-même; qu'il n'avait pu lui arriver malheur dans cette contrée où tous les animaux féroces avaient été détruits. Il ajouta :

— Nous ferons un brancard, nous le couvrirons d'une jonchée de feuilles et de mousses, nous vous y coucherons, nous vous porterons ainsi couchée dans la montagne et nous vous présenterons au roi des Nains, comme le veut la coutume de notre peuple.

Tous les Nains applaudirent. Abeille regarda

ses pieds endoloris et se tut. Elle était bien aise d'apprendre qu'il n'y avait pas d'animaux féroces dans la contrée. Pour le reste, elle s'en remettait à l'amitié des Nains.

Déjà ils construisaient le brancard. Ceux qui avaient des cognées entaillaient à grands coups le pied de deux jeunes sapins.

Cela remit à Rug son idée en tête.

— Si, au lieu d'un brancard, dit-il, nous construisions une cage?

Mais il souleva une réprobation unanime. Tad, le regardant avec mépris, s'écria :

— Rug, tu es plus semblable à un homme qu'à un Nain. Mais ceci du moins est à l'honneur de notre race que le plus méchant des Nains en est aussi le plus bête.

Cependant l'ouvrage se faisait. Les Nains sautaient en l'air pour atteindre les branches qu'ils coupaient au vol et dont ils formaient habilement un siège à claire-voie. L'ayant recouvert de mousse et de feuillée, ils y firent asseoir Abeille; puis ils saisirent à la fois les deux montants, ohé! se les mirent sur l'épaule, hop! et prirent leur course vers la montagne, hip!

CHAPITRE X

*Qui relate fidèlement l'accueil que le roi Loc fit
à Abeille des Clarides.*

Ils montaient par un chemin sinueux la côte boisée. Dans la verdure grise des chênes nains, des blocs de granit se dressaient çà et là, stériles et rouillés, et la montagne rousse avec ses gorges bleuâtres fermait l'âpre paysage.

Le cortège, que Bob précédait sur sa monture ailée, s'engagea dans une fissure tapissée de ronces. Abeille, avec ses cheveux d'or répandus sur ses épaules, ressemblait à l'aurore levée sur la montagne, s'il est vrai que parfois l'aurore s'effraye, appelle sa mère et veut fuir, car la fillette en vint à ces trois points sitôt qu'elle aperçut confusément des Nains terriblement armés, en embuscade dans toutes les anfractuosités du rocher.

L'arc bandé ou la lance en arrêt, ils se tenaient immobiles. Leurs tuniques de peaux de bêtes et de longs couteaux pendus à leur ceinture rendaient leur aspect terrible. Du gibier de poil et de plume gisait à leurs côtés. Mais ces chasseurs, à ne regarder que leur visage, n'avaient pas l'air farouche ; ils paraissaient au contraire doux et graves comme les Nains de la forêt, auxquels ils ressemblaient beaucoup.

Debout au milieu d'eux se tenait un Nain plein de majesté. Il portait à l'oreille une plume de coq et au front un diadème fleuronné de pierres énormes. Son manteau, relevé sur l'épaule, laissait voir un bras robuste, chargé de cercles d'or. Un oliphant d'ivoire et d'argent ciselé pendait à sa ceinture. Il s'appuyait de la main gauche sur sa lance dans l'attitude de la force au repos, et il tenait la droite au-dessus de ses yeux pour regarder du côté d'Abeille et de la lumière.

— Roi Loc, lui dirent les Nains de la forêt, nous t'amenons la belle enfant que nous avons trouvée : elle se nomme Abeille.

— Vous faites bien, dit le roi Loc. Elle vivra parmi nous comme le veut la coutume des Nains.

Puis, s'approchant d'Abeille :

— Abeille, lui dit-il, soyez la bienvenue.

Il lui parlait avec douceur, car il se sentait déjà de l'amitié pour elle. Il se haussa sur la pointe des pieds pour baiser la main qu'elle laissait pendre, et il l'assura que non seulement il ne lui serait point fait de mal, mais encore qu'on la contenterait dans tous ses désirs, quand bien même elle souhaiterait des colliers, des miroirs, des laines de Cachemire et des soies de la Chine.

— Je voudrais bien des souliers, répondit Abeille.

Alors le roi Loc frappa de sa lance un disque de bronze qui était suspendu à la paroi du rocher, et aussitôt l'on vit quelque chose venir du fond de la caverne en bondissant comme une balle. Cela grandit et montra la figure d'un Nain qui rappelait par le visage les traits que les peintres donnent à l'illustre Bélisaire, mais dont le tablier de cuir à bavette révélait un cordonnier.

C'était, en effet, le chef des cordonniers.

— Truc, lui dit le roi, choisis dans nos magasins le cuir le plus souple, prends du drap d'or et d'argent, demande au gardien de mon trésor mille perles de la plus belle eau, et compose avec ce cuir, ces tissus et ces perles, une paire de souliers pour la jeune Abeille.

A ces mots, Truc se jeta aux pieds d'Abeille et il les mesura avec exactitude. Mais elle dit :

— Petit roi Loc, il faut me donner tout de suite les beaux souliers que tu m'as promis, et, quand je les aurai, je retournerai aux Clarides vers ma mère.

— Vous aurez vos souliers, Abeille, répondit le roi Loc, vous les aurez pour vous promener dans la montagne et non pour retourner aux Clarides, car vous ne sortirez point de ce royaume où vous apprendrez de beaux secrets qu'on n'a point devinés sur la terre. Les Nains sont supérieurs aux hommes, et c'est pour votre bonheur que vous avez été recueillie par eux.

— C'est pour mon malheur, répondit Abeille. Petit roi Loc, donne-moi des sabots comme ceux des paysans et laisse-moi retourner aux Clarides.

Mais le roi Loc fit un signe de tête pour exprimer que cela n'était pas possible. Alors Abeille joignit les mains et prit une voix caressante :

— Petit roi Loc, laisse-moi partir et je t'aimerai bien.

— Vous m'oublierez, Abeille, sur la terre lumineuse.

— Petit roi Loc, je ne vous oublierai pas et je vous aimerai autant que Souffle-des-Airs.

— Et qui est Souffle-des-Airs?

— C'est mon cheval isabelle; il a des rênes roses et il mange dans ma main. Quand il était petit, l'écuyer Francœur me l'amenait le matin dans ma chambre et je l'embrassais. Mais maintenant Francœur est à Rome et Souffle-des-Airs est trop grand pour monter les escaliers.

Le roi Loc sourit :

— Abeille, voulez-vous m'aimer mieux encore que Souffle-des-Airs?

— Je veux bien.

— A la bonne heure.

— Je veux bien, mais je ne peux pas; je vous hais, petit roi Loc, parce que vous m'empêchez de revoir ma mère et Georges.

— Qui est Georges?

— C'est Georges et je l'aime.

L'amitié du roi Loc pour Abeille s'était beaucoup accrue en peu d'instants, et, comme il avait déjà l'espérance de l'épouser quand elle serait en âge et de réconcilier par elle les hommes avec les Nains, il craignit que Georges ne devînt plus tard son rival et ne renversât ses projets. C'est pourquoi il fronça les sourcils et s'éloigna en baissant la tête comme un homme soucieux.

Abeille, voyant qu'elle l'avait fâché, le tira doucement par un pan de son manteau.

— Petit roi Loc, lui dit-elle d'une voix triste et tendre, pourquoi nous rendons-nous malheureux l'un l'autre?

— Abeille, c'est la faute des choses, répondit le roi Loc ; je ne puis vous ramener à votre mère, mais je lui enverrai un songe qui l'instruira de votre sort, chère Abeille, et qui la consolera.

— Petit roi Loc, répondit Abeille en souriant dans ses larmes, tu as une bonne idée, mais je vais te dire ce qu'il faudra faire. Il faudra envoyer, chaque nuit, à ma mère un songe dans lequel elle me verra, et m'envoyer à moi, chaque nuit, un songe dans lequel je verrai ma mère.

Le roi Loc promit de le faire. Et ce qui fut dit fut fait. Chaque nuit, Abeille vit sa mère, et chaque nuit la duchesse vit sa fille. Cela contentait un peu leur amour.

CHAPITRE XI

Où les curiosités du royaume des Nains sont parfaitement décrites, ainsi que les poupées qui furent données à Abeille.

Le royaume des Nains était profond et s'étendait sous une grande partie de la terre. Bien qu'on n'y vît le ciel que çà et là, à travers quelques fentes du rocher, les places, les avenues, les palais et les salles de cette région souterraine n'étaient pas plongés dans d'épaisses ténèbres. Quelques chambres et plusieurs cavernes restaient seules dans l'obscurité. Le reste était éclairé, non par des lampes ou des torches, mais par des astres et des météores qui répandaient une clarté étrange et fantastique, et cette clarté luisait sur d'étonnantes merveilles. Des édifices immenses avaient été taillés dans le roc et l'on voyait par endroits des palais découpés dans le granit à de telles hauteurs que leurs dentelles de pierre se perdaient sous les voûtes de l'immense caverne dans une brume traversée par la lueur orangée de petits astres moins lumineux que la lune.

Il y avait dans ces royaumes des forteresses d'une masse écrasante, des amphithéâtres dont les gradins de pierre formaient un demi-cercle que le regard ne pouvait embrasser dans son étendue, et de vastes puits aux parois sculptées dans lesquels on descendait toujours sans jamais trouver le fond. Toutes ces constructions, peu appropriées en apparence à la taille des habitants, convenaient parfaitement à leur génie curieux et fantasque.

Les Nains, couverts de capuchons où des feuilles de fougère étaient piquées, circulaient autour des édifices avec une agilité spirituelle. Il n'était pas rare d'en voir qui sautaient de la hauteur de deux ou trois étages sur la chaussée de lave et y rebondissaient comme des balles. Leur visage gardait pendant ce temps cette gravité auguste que la statuaire donne à la figure des grands hommes de l'antiquité.

Aucun n'était oisif et tous s'empressaient à

leur travail. Des quartiers entiers retentissaient du bruit des marteaux ; les voix déchirantes des machines se brisaient contre les voûtes des cavernes, et c'était un curieux spectacle que de voir la foule des mineurs, forgerons, batteurs d'or, joailliers, polisseurs de diamants, manier avec la dextérité des singes le pic, le marteau, la pince, la lime. Mais il était une région plus tranquille.

Là, des figures grossières et puissantes, des piliers informes sortaient confusément de la roche brute et semblaient dater d'une antiquité vénérable. Là, un palais aux portes basses étendait ses formes trapues : c'était le palais du roi Loc. Tout contre était la maison d'Abeille, maison ou plutôt maisonnette ne contenant qu'une seule chambre, laquelle était tapissée de mousseline blanche. Des meubles en sapin sentaient bon dans cette chambre. Une déchirure de la roche y laissait passer la lumière du ciel et, par les belles nuits, on y voyait des étoiles.

Abeille n'avait point de serviteurs attitrés, mais tout le peuple des Nains s'empressait à l'envi de pourvoir à ses besoins et de prévenir tous ses désirs, hors celui de remonter sur la terre.

Les plus savants Nains, qui possédaient de grands secrets, se plaisaient à l'instruire, non pas avec des livres, car les Nains n'écrivent pas, mais en lui montrant toutes les plantes des monts et des plaines, les espèces diverses d'animaux et les pierres variées qu'on extrait du sein de la terre. Et c'est par des exemples et des spectacles qu'ils lui enseignaient avec une gaieté innocente les curiosités de la nature et les procédés des arts.

Ils lui faisaient des jouets tels que les enfants des riches de la terre n'en eurent jamais; car ces Nains étaient industrieux et inventaient d'admirables machines. C'est ainsi qu'ils construisirent pour elle des poupées sachant se mouvoir avec grâce et s'exprimer selon les règles de la poésie. Quand on les assemblait sur un petit théâtre dont la scène représentait le rivage des mers, le ciel bleu, des palais et des temples, elles figuraient les actions les plus intéressantes. Bien qu'elles ne fussent pas plus hautes que le bras, elles ressemblaient exactement les unes à des vieillards respectables, les autres à des hommes dans la force de l'âge ou à de belles jeunes filles vêtues de blanches tuniques. Il y avait aussi parmi elles des mères pressant contre leur sein des petits enfants innocents. Et ces poupées éloquentes s'exprimaient et agissaient sur la scène comme si elles étaient agitées par la haine, l'amour ou l'ambition. Elles passaient habilement de la joie à la douleur et elles imitaient si bien la nature qu'elles excitaient le sourire ou tiraient les larmes des yeux. Abeille battait des mains à ce spectacle. Les poupées qui aspiraient à la tyrannie lui faisaient horreur. Elle se sentait, au contraire, des trésors de pitié pour la poupée jadis princesse, maintenant veuve et captive, la tête ceinte de cyprès, qui n'a d'autre ressource pour sauver la vie de son enfant que d'épouser, hélas! le barbare qui la fit veuve.

Abeille ne se lassait point de ce jeu que les poupées variaient à l'infini. Les Nains lui donnaient aussi des concerts et lui enseignaient à jouer du luth, de la viole d'amour, du téorbe, de la lyre et de divers autres instruments. En sorte qu'elle devenait bonne musicienne et que les actions représentées sur le théâtre par les poupées lui communiquaient l'expérience des hommes et de la vie. Le roi Loc assistait aux représentations et aux concerts, mais il ne voyait et n'entendait qu'Abeille, en qui il mettait peu à peu toute son âme.

Cependant les jours et les mois s'écoulaient, les années accomplissaient leur tour et Abeille restait parmi les Nains, sans cesse divertie et toujours pleine du regret de la terre. Elle devenait une belle jeune fille. Son étrange destinée donnait quelque chose d'étrange à sa physionomie, qui n'en était que plus agréable.

CHAPITRE XII

Dans lequel le trésor du roi Loc est décrit aussi bien que possible.

Il y avait six ans jour pour jour qu'Abeille était chez les Nains. Le roi Loc l'appela dans son palais et il donna devant elle l'ordre à son trésorier de déplacer une grosse pierre qui semblait scellée dans la muraille, mais qui, en réalité, n'y était que posée. Ils passèrent tous trois par l'ouverture que laissa la grosse pierre et se trouvèrent dans une fissure du roc où deux personnes ne pouvaient se tenir de front. Le roi Loc s'avança le premier dans ce chemin obscur et Abeille le suivit en tenant un pan du manteau royal. Ils marchèrent longtemps. Par intervalles, les parois du rocher se rapprochaient tellement que la jeune fille craignait d'y être prise, sans pouvoir ni avancer ni reculer, et de mourir là. Et le manteau du roi Loc fuyait sans cesse devant elle par l'étroit et noir sentier. Enfin le roi Loc rencontra une porte de bronze qu'il ouvrit et une grande clarté se fit :

— Petit roi Loc, s'écria Abeille, je ne savais pas encore que la lumière fût une si belle chose.

Mais le roi Loc, la prenant par la main, l'introduisit dans la salle d'où venait la lumière et lui dit :

— Regarde !

Abeille, éblouie, ne vit rien d'abord, car cette salle immense, portée sur de hautes colonnes de marbre, était, du sol au faîte, tout éclatante d'or.

Au fond, sur une estrade formée de gemmes étincelantes serties dans l'or et l'argent, et dont les degrés étaient couverts d'un tapis merveilleusement brodé, s'élevait un trône d'ivoire et d'or avec un dais composé d'émaux translucides aux côtés duquel deux palmiers, âgés de trois mille ans, s'élançaient hors de deux vases gigantesques ciselés autrefois par le meilleur artiste des Nains. Le roi Loc monta sur ce trône et fit tenir la jeune fille debout à sa droite.

— Abeille, lui dit-il, ceci est mon trésor; choisissez-y tout ce qu'il vous plaira.

Pendus aux colonnes, d'immenses boucliers d'or recevaient les rayons du soleil et les renvoyaient en gerbes étincelantes; des épées, des lances s'entre-croisaient, ayant une flamme à leur pointe. Des tables qui régnaient autour des murailles étaient chargées de hanaps, de buires, d'aiguières, de calices, de ciboires, de patènes, de gobelets et de vidrecomes d'or, de cornes à boire en ivoire avec des anneaux d'argent, de bouteilles énormes en cristal de roche, de plats d'or et d'argent ciselé, de coffrets, de reliquaires en forme d'église, de cassolettes, de miroirs, de candélabres et de torchères aussi admirables par le travail que par la matière, et de brûle-parfums représentant des monstres. Et l'on distinguait sur une des tables un jeu d'échecs en pierre de lune.

— Choisissez, Abeille, répéta le roi Loc.

Mais, levant les yeux au-dessus de ces richesses, Abeille vit le ciel bleu par une ouverture du plafond, et, comme si elle avait compris que la lumière du ciel donnait seule à ces choses tout leur éclat, elle dit seulement :

— Petit roi Loc, je voudrais remonter sur la terre.

Alors le roi Loc fit un signe à son trésorier, qui, soulevant d'épaisses draperies, découvrit un coffre énorme, tout armé de lames de fer et de ferrures découpées. Ce coffre étant ouvert, il en sortit des rayons de mille nuances diverses et charmantes; chacun de ces rayons jaillissait d'une pierre précieuse artistement taillée. Le roi Loc y trempa les mains et alors on vit rouler dans une confusion lumineuse l'améthyste violette et la pierre des vierges, l'émeraude aux trois natures; l'une d'un vert sombre, l'autre qu'on nomme miellée parce qu'elle est de la couleur du miel, la troisième d'un vert bleuâtre qu'on appelle béryl et qui donne de beaux rêves; la topaze orientale, le rubis, aussi beau que le sang des braves, le saphir d'un bleu sombre qu'on nomme saphir mâle et le saphir d'un bleu pâle qu'on nomme saphir femelle; le cymophane, l'hyacinthe, l'euclase, la turquoise, l'opale dont les lueurs sont plus douces que l'aurore, l'aigue marine et le grenat syrien. Toutes ces pierres étaient de l'eau la plus limpide et du plus lumineux orient. Et de gros diamants jetaient, au milieu de ces feux colorés, d'éblouissantes étincelles blanches.

— Abeille, choisissez, dit le roi Loc.

Mais Abeille secoua la tête et dit :

— Petit roi Loc, à toutes ces pierres je préfère un seul des rayons de soleil qui se brisent sur le toit d'ardoise du château des Clarides.

Alors le roi Loc fit ouvrir un second coffre qui ne contenait que des perles. Mais ces perles étaient rondes et pures; leurs reflets changeants prenaient toutes les teintes du ciel et de la mer, et leur éclat était si doux qu'il semblait exprimer une pensée d'amour.

— Prenez, dit le roi Loc.

Mais Abeille lui répondit :

— Petit roi Loc, ces perles me rappellent le regard de Georges de Blanchelande; j'aime ces perles, mais j'aime mieux les yeux de Georges.

En entendant ces mots, le roi Loc détourna la tête. Pourtant il ouvrit un troisième coffre et montra à la jeune fille un cristal dans lequel une goutte d'eau était prisonnière depuis les premiers temps du monde; et, quand on agitait le cristal, on voyait cette goutte d'eau remuer. Il lui montra aussi des morceaux d'ambre jaune dans lesquels des insectes plus brillants que des pierreries étaient pris depuis des milliards d'années. On distinguait leurs pattes délicates et leurs fines antennes, et ils se seraient remis à voler si quelque puissance avait fait fondre comme de la glace leur prison parfumée.

— Ce sont là de grandes curiosités naturelles; je vous les donne, Abeille.

Mais Abeille répondit :

— Petit roi Loc, gardez l'ambre et le cristal, car je ne saurais rendre la liberté ni à la mouche ni à la goutte d'eau.

Le roi Loc l'observa quelque temps et dit :

— Abeille, les plus beaux trésors seront bien placés entre vos mains. Vous les posséderez et ils ne vous posséderont pas. L'avare est la proie de son or; ceux-là seuls qui méprisent la richesse peuvent être riches sans danger : leur âme sera toujours plus grande que leur fortune.

Ayant parlé ainsi, il fit un signe à son trésorier, qui présenta sur un coussin une couronne d'or à la jeune fille.

— Recevez ce joyau comme un signe de l'estime que nous faisons de vous, Abeille, dit le roi Loc. On vous nommera désormais la princesse des Nains.

Et il mit lui-même la couronne sur le front d'Abeille.

CHAPITRE XIII

Dans lequel le roi Loc se déclare.

Les Nains célébrèrent par des fêtes joyeuses le couronnement de leur première princesse. Des jeux pleins d'innocence se succédèrent sans ordre dans l'immense amphithéâtre; et les petits hommes, ayant un brin de fougère ou deux feuilles de chêne coquettement attachés à leur capuchon, faisaient des bonds joyeux à travers les rues souterraines. Les réjouissances durèrent trente jours. Pic gardait dans l'ivresse l'apparence d'un mortel inspiré; le vertueux Tad s'enivrait du bonheur public; le tendre Dig se donnait le plaisir de répandre des larmes; Rug, dans sa joie, demandait de nouveau qu'Abeille fût mise en cage, afin que les

Nains n'eussent point à craindre de perdre une princesse si charmante; Bob, monté sur son corbeau, emplissait l'air de cris si joyeux que l'oiseau noir, pris lui-même de gaieté, faisait entendre de petits croassements folâtres.

Seul, le roi Loc était triste.

Or, le trentième jour, ayant offert à la princesse et à tout le peuple des Nains un festin magnifique, il monta tout debout sur son fauteuil et, sa bonne figure étant ainsi haussée jusqu'à l'oreille d'Abeille :

— Ma princesse Abeille, lui dit-il, je vais vous faire une demande que vous pourrez accueillir ou repousser en toute liberté. Abeille des Clarides, princesse des Nains, voulez-vous être ma femme?

Et, ce disant, le roi Loc, grave et tendre, avait la beauté pleine de douceur d'un caniche auguste. Abeille lui répondit en lui tirant la barbe :

— Petit roi Loc, je veux bien être ta femme pour rire; mais je ne serai jamais ta femme pour de bon. Au moment où tu me demandes en mariage, tu me rappelles Francœur, qui, sur la terre, me contait, pour m'amuser, les choses les plus extravagantes.

A ces mots, le roi Loc tourna la tête, mais non pas assez vite pour qu'Abeille ne vît pas une larme arrêtée dans les cils du Nain. Alors Abeille eut regret de lui avoir fait de la peine.

— Petit roi Loc, lui dit-elle, je t'aime comme un petit roi Loc que tu es; et si tu me fais rire comme faisait Francœur, il n'y a rien là pour te déplaire, car Francœur chantait bien, et il aurait été beau sans ses cheveux gris et son nez rouge.

Le roi Loc lui répondit :

— Abeille des Clarides, princesse des Nains, je vous aime dans l'espoir que vous m'aimerez un jour. Mais je n'aurais pas cet espoir que je vous aimerais tout autant. Je ne vous demande, en retour de mon amitié, que d'être toujours sincère avec moi.

— Petit roi Loc, je te le promets.

— Eh bien! Abeille, dites-moi si vous aimez quelqu'un jusqu'à l'épouser.

— Petit roi Loc, je n'aime personne jusque-là.

Alors le roi Loc sourit et, saisissant sa coupe d'or, il porta d'une voix retentissante la santé de la princesse des Nains. Et une rumeur immense s'éleva de toutes les profondeurs de la terre, car la table du festin allait d'un bout à l'autre de l'empire des Nains.

CHAPITRE XIV

*Où il est dit comment Abeille revit sa mère
et ne put l'embrasser.*

Abeille, le front ceint d'une couronne, était plus songeuse encore et plus triste que quand ses cheveux coulaient en liberté sur ses épaules et qu'aux jours où elle allait en riant dans la forge des Nains tirer la barbe à ses bons amis Pic, Tad et Dig, dont la face colorée du reflet des flammes prenait à sa bienvenue un air de gaieté. Les bons Nains, qui naguère la faisaient danser sur leurs genoux en la nommant leur Abeille, s'inclinaient maintenant sur son passage et gardaient un silence respectueux. Elle regrettait de n'être plus une enfant, et elle souffrait d'être la princesse des Nains.

Elle n'avait plus de plaisir à voir le roi Loc depuis qu'elle l'avait vu pleurer à cause d'elle. Mais elle l'aimait parce qu'il était bon et qu'il était malheureux.

Un jour (si l'on peut dire qu'il y a des jours dans l'empire des Nains), elle prit le roi Loc par la main et l'attira sous cette fissure du roc qui laissait passer un rayon du soleil dans lequel dansait une poussière dorée.

— Petit roi Loc, lui dit-elle, je souffre. Vous êtes roi, vous m'aimez et je souffre.

En entendant ces paroles de la jolie demoiselle, le roi Loc répondit :

— Je vous aime, Abeille des Clarides, princesse des Nains; et c'est pourquoi je vous ai gardée dans ce monde, afin de vous enseigner nos secrets, qui sont plus grands et plus curieux que tout ce que vous pouviez apprendre sur la terre parmi les hommes, car les hommes sont moins habiles et moins savants que les Nains.

— Oui, dit Abeille, mais ils sont plus semblables à moi que les Nains; c'est pourquoi je les aime mieux. Petit roi Loc, laissez-moi revoir ma mère, si vous ne voulez pas que je meure.

Le roi Loc s'éloigna sans répondre.

Abeille, seule et désolée, contemplait le rayon de cette lumière dont la face de la terre est toute baignée et qui revêt de ses ondes resplendissantes tous les hommes vivants et jusqu'aux mendiants qui vont par les routes. Lentement ce rayon pâlit et changea sa clarté dorée en une lueur d'un bleu pâle. La nuit était venue sur la terre. Une étoile, à travers la fissure du rocher, scintilla.

Alors quelqu'un lui toucha doucement l'épaule et elle vit le roi Loc enveloppé d'un manteau noir. Il avait à son bras un autre manteau dont il couvrit la jeune fille.

— Venez, lui dit-il.

Et il la conduisit hors du souterrain. Quand elle revit les arbres agités par le vent, les nuages qui passaient sur la lune et toute la grande nuit fraîche et bleue, quand elle sentit l'odeur des herbes, quand l'air qu'elle avait respiré dans son enfance lui rentra à flots dans la poitrine, elle poussa un grand soupir et crut mourir de joie.

Le roi Loc l'avait prise dans ses bras; tout petit qu'il était, il la portait aussi facilement qu'une plume et ils glissaient tous deux sur le sol comme l'ombre de deux oiseaux.

— Abeille, vous allez revoir votre mère. Mais écoutez-moi. Toutes les nuits, vous le savez, j'envoie votre image à votre mère. Toutes les nuits, elle voit votre cher fantôme; elle lui sourit, elle lui parle, elle l'embrasse. Je vous montrerai cette nuit à elle, vous-même, au lieu de votre simulacre. Vous la verrez; mais ne la touchez pas, ne lui parlez pas, car alors le charme serait rompu et elle ne reverrait plus jamais ni vous ni votre image, qu'elle ne distingue pas de vous-même.

— Je serai donc prudente, hélas! petit roi Loc... Le voilà! le voilà!

En effet, le donjon des Clarides s'élevait tout noir sur le mont. Abeille eut à peine le temps d'envoyer un baiser aux vieilles pierres bien-aimées et déjà elle voyait fuir à son côté les remparts fleuris de giroflée de la ville des Clarides; déjà elle montait par une rampe où des vers luisants brillaient dans l'herbe jusqu'à la poterne, que le roi Loc ouvrit aisément, car les Nains, dompteurs des métaux, ne sont point arrêtés par les serrures, les cadenas, les verrous, les chaînes et les grilles.

Elle monta l'escalier tournant qui menait à la chambre de sa mère et elle s'arrêta pour contenir à deux mains son cœur qui battait. La porte s'ouvrit doucement, et, à la lueur d'une veilleuse suspendue au plafond de la chambre, Abeille vit, dans le silence religieux qui régnait, sa mère, sa mère amaigrie et pâlie, ayant aux tempes des cheveux gris, mais plus belle ainsi pour sa fille qu'aux jours passés des magnifiques parures et des hardies chevauchées. Comme alors cette mère voyait sa fille en rêve, elle ouvrit les bras pour l'embrasser. Et l'enfant, riant et sanglotant, voulut se jeter dans ses bras ouverts; mais le roi Loc l'arracha à cet embrassement et l'emporta comme une paille par les campagnes bleues, dans le royaume des Nains.

CHAPITRE XV

Dans lequel on verra la grande peine qu'eut le roi Loc.

Abeille, assise sur les degrés de granit du palais souterrain, regardait encore le ciel bleu à travers la fissure du rocher. Là, des sureaux tournaient vers la lumière leurs ombelles blanches. Abeille se mit à pleurer. Le roi Loc lui prit la main et lui dit :

— Abeille, pourquoi pleurez-vous et que désirez-vous?

Et, comme elle était triste depuis plusieurs jours, les Nains assis à ses pieds lui jouaient des airs naïfs sur la flûte, le flageolet, le rebec et les timbales. D'autres Nains faisaient, pour lui plaire, des culbutes telles, qu'ils piquaient l'un après l'autre dans l'herbe la pointe de leur capuchon orné d'une cocarde de feuillage, et rien n'était plaisant à voir comme les jeux de ces petits hommes à barbes d'ermite. Le vertueux Tad, le sensible Dig, qui l'aimaient depuis le jour où ils l'avaient vue endormie au bord du lac, et Pic, le vieux poète, la prenaient doucement par le bras et la suppliaient de leur confier le secret de son chagrin. Pau, dont l'esprit était simple, mais juste, lui présentait des raisins dans une corbeille; et tous, la tirant par le bord de sa jupe, répétaient avec le roi Loc :

— Abeille, princesse des Nains, pourquoi pleurez-vous?

Abeille répondit :

— Petit roi Loc et vous tous, petits hommes, mon chagrin augmente votre amitié, parce que vous êtes bons; vous pleurez quand je pleure. Sachez que je pleure en songeant à Georges de Blanchelande, qui doit être aujourd'hui un brave chevalier et que je ne reverrai pas. Je l'aime et je voudrais être sa femme.

Le roi Loc retira sa main de la main qu'il pressait et dit :

— Abeille, pourquoi m'avez-vous trompé en me disant, à la table du festin, que vous n'aviez d'amour pour personne?

Abeille répondit :

— Petit roi Loc, je ne t'ai pas trompé à la table du festin. Je ne désirais pas alors épouser Georges de Blanchelande, et c'est aujourd'hui mon envie la plus chère qu'il me demande en mariage. Mais il ne me demandera pas, puisque je ne sais où il est et qu'il ne sait où me trouver. Et c'est pourquoi je pleure.

A ces mots, les musiciens s'arrêtèrent de jouer de leurs instruments; les sauteurs interrompirent leurs sauts et restèrent immobiles sur la tête ou sur le derrière; Tad et Dig répandirent des pleurs silencieux sur la manche d'Abeille; le simple Pau laissa tomber la corbeille avec les grappes de raisins, et tous les petits hommes poussèrent des gémissements affreux.

Mais le roi des Nains, plus désolé qu'eux tous sous sa couronne aux fleurons étincelants, s'éloigna sans rien dire en laissant traîner derrière lui son manteau comme un torrent de pourpre.

CHAPITRE XVI

Où l'on rapporte les paroles du savant Nur qui causèrent une joie extraordinaire au petit roi Loc.

Le roi Loc n'avait pas laissé voir sa faiblesse à la jeune fille; mais, quand il fut seul, il s'assit à terre et, se tenant les pieds dans les mains, il s'abandonna à sa douleur.

Il était jaloux et il se disait :

— Elle aime, et ce n'est pas moi qu'elle aime ! Pourtant je suis roi et je suis plein de science; j'ai des trésors, je sais des secrets merveilleux; je suis meilleur que tous les autres Nains, qui valent mieux que les hommes. Elle ne m'aime pas et elle aime un jeune homme qui n'a point la science des Nains et qui n'en a peut-être aucune. Certes, elle n'estime point le mérite et n'est guère sensée. Je devrais rire de son peu de jugement; mais je l'aime, et je n'ai de goût à rien au monde parce qu'elle ne m'aime pas.

Pendant de longs jours le roi Loc erra seul dans les gorges les plus sauvages de la montagne, roulant dans son esprit des pensées tristes et parfois mauvaises. Il songeait à réduire par la captivité et la faim Abeille à devenir sa femme. Mais chassant cette idée presque aussitôt après l'avoir formée, il se proposait d'aller trouver la jeune fille et de se jeter à ses pieds. Il ne s'arrêtait pas non plus à cette résolution et il ne savait que faire. C'est qu'en effet, il ne dépendait pas de lui qu'Abeille vînt à l'aimer. Sa colère se tournait tout à coup contre Georges de Blanchelande; il souhaitait que ce jeune homme fût emporté bien loin par quelque enchanteur, ou du moins, s'il devait jamais connaître l'amour d'Abeille, qu'il le méprisât.

Et le roi songeait :

« Sans être vieux, j'ai vécu déjà trop longtemps pour n'avoir pas quelquefois souffert. Mais mes souffrances, si profondes qu'elles fussent, étaient moins âpres que celles que j'éprouve aujourd'hui. La tendresse ou la pitié qui les causaient y mêlaient quelque chose de leur céleste douceur. Au contraire, je sens qu'à cette heure mon chagrin a la noirceur et l'âcreté d'un mauvais désir. Mon âme est aride, et mes yeux nagent dans leurs pleurs comme dans un acide qui les brûle. »

Ainsi songeait le roi Loc. Et, craignant que la jalousie le rendît injuste et méchant, il évitait de rencontrer la jeune fille, de peur de lui tenir, sans le vouloir, le langage d'un homme faible ou violent.

Un jour qu'il était plus tourmenté qu'à l'ordinaire par la pensée qu'Abeille aimait Georges, il prit la résolution de consulter Nur, qui était le plus savant des Nains et habitait au fond d'un puits creusé dans les entrailles de la terre.

Ce puits avait l'avantage d'une température égale et douce. Il n'était point obscur, car deux petits astres, un soleil pâle et une lune rouge, en éclairaient alternativement toutes les parties. Le roi Loc descendit dans ce puits et trouva Nur dans son laboratoire. Nur avait le visage d'un bon vieux petit homme et portait un brin de serpolet sur son capuchon. Malgré sa science, il partageait l'innocence et la candeur de sa race.

— Nur, lui dit le roi en l'embrassant, je viens te consulter parce que tu sais beaucoup de choses.

— Roi Loc, répondit Nur, je pourrais savoir beaucoup de choses et n'être qu'un imbécile. Mais je connais le moyen d'apprendre quelques-unes des innombrables choses que j'ignore, et c'est pourquoi je suis justement renommé comme un savant.

— Eh bien, reprit le roi Loc, sais-tu où est présentement un jeune garçon nommé Georges de Blanchelande?

— Je ne le sais point et n'eus jamais la curiosité de l'apprendre, répondit Nur. Sachant combien les hommes sont ignorants, sots et méchants, je me soucie peu de ce qu'ils pensent et de ce qu'ils font. A cela près que, pour donner du prix à la vie de cette race orgueilleuse et misérable, les hommes ont le courage, les femmes la beauté et les petits enfants l'innocence, ô roi Loc, l'humanité tout entière est déplorable ou ridicule. Soumis comme les Nains, à la nécessité de travailler pour vivre, les hommes se sont révoltés contre cette loi divine, et, loin d'être comme nous des ouvriers pleins d'allégresse, ils préfèrent la guerre au travail et ils aiment mieux s'entretuer que s'entr'aider. Mais il faut reconnaître, pour être juste, que la brièveté de leur vie est la cause principale de leur ignorance et de leur férocité. Ils vivent trop peu de temps pour apprendre à vivre. La race des Nains qui vivent sous la terre est plus heureuse et meilleure. Si nous ne sommes point immortels, du moins chacun de nous durera aussi longtemps que la terre qui nous porte dans son sein et nous pénètre de sa chaleur intime et féconde, tandis qu'elle n'a pour les races qui naissent sur sa rude écorce qu'une haleine, tantôt brûlante, tantôt glacée, soufflant la mort en même temps que la vie. Les hommes toutefois doivent à l'excès de leur misère et de leur méchanceté une vertu qui rend l'âme de quelques-uns d'entre eux plus belle que l'âme des Nains. Cette vertu, dont la splendeur est pour la pensée ce qu'est pour l'œil le doux éclat des perles, ô roi Loc, c'est la pitié. La souffrance l'enseigne et les Nains la connaissent mal, parce que, plus sages que les hommes, ils ont moins de peines. Aussi les Nains sortent-ils parfois de leurs grottes profondes et vont-ils sur l'écorce inclémente de la terre se mêler aux hommes, afin de les aimer, de souffrir avec eux et par eux, et de goûter ainsi la pitié, qui rafraîchit les âmes comme une céleste rosée. Telle est la vérité sur les hommes, ô roi Loc; mais ne m'as-tu point demandé la destinée particulière de quelqu'un d'entre eux?

Le roi Loc ayant répété sa question, le vieux Nur regarda dans une des lunettes qui emplissaient la chambre. Car les Nains n'ont point de livres; ceux qu'on trouve chez eux viennent des hommes et servent de jouets. Pour s'instruire, ils ne consultent pas, comme nous, des signes sur le papier; ils regardent dans des lunettes et y voient l'objet même de leur curiosité. La difficulté est seulement de choisir la lunette convenable et de la bien diriger.

Il en est de cristal, il en est de topaze et d'opale; mais celles dont la lentille est un gros diamant poli ont plus de puissance et servent à voir des choses très éloignées.

Les Nains ont aussi des lentilles d'une substance diaphane, inconnues aux hommes. Celles-là permettent au regard de traverser comme du verre les murailles et les rochers. D'autres, plus admirables encore, reproduisent aussi fidèlement qu'un miroir tout ce que le temps emporta dans sa fuite, car les Nains savent rappeler, du sein infini de l'éther jusque dans leurs cavernes, la lumière des anciens jours avec les formes et les couleurs des temps révolus. Ils se donnent le spectacle du passé en ressaisissant les gerbes lumineuses qui, s'étant un jour brisées contre des formes d'hommes, d'animaux, de plantes ou de rochers, rejaillissent à travers les siècles dans l'insondable éther.

Le vieux Nur excellait à découvrir les figures de l'antiquité et celles même, impossibles à concevoir, qui vécurent avant que la terre eût revêtu l'aspect que nous lui connaissons. Aussi ne fut-ce qu'un amusement pour lui de trouver Georges de Blanchelande.

Ayant regardé pendant moins d'une minute dans une lunette tout à fait simple, il dit au roi Loc :

— Roi Loc, celui que tu cherches est chez les Ondines, dans le manoir de cristal d'où l'on ne revient pas et dont les murs irisés confinent à ton royaume.

— Il y est? Qu'il y reste! s'écria le roi Loc en se frottant les mains. Je lui souhaite bien du plaisir.

Et, ayant embrassé le vieux Nur, il sortit du puits en éclatant de rire.

Tout le long de son chemin, il se tint le ventre pour rire à son aise : son chef en branlait; sa barbe allait et venait sur son estomac. — Ha! ha! ha! ha! ha! ha! ha! — Les petits hommes qui le rencontraient se mettaient à rire comme lui, par sympathie. En les voyant rire, les autres riaient aussi; ce rire gagna de proche en proche, en sorte que tout l'intérieur de la terre fut secoué par un hoquet extrêmement jovial. — Ha! ha! ha! ha! ha! ha! ha! ha! ha! ha! ha! ha! ha! ha! ha! ha!

CHAPITRE XVII

Où l'on raconte la merveilleuse aventure
de Georges de Blanchelande.

Le roi Loc ne rit pas longtemps; au contraire, il cacha sous les couvertures de son lit le visage d'un petit homme tout à fait malheureux. Songeant à Georges de Blanchelande, captif des Ondines, il ne put dormir de la nuit. Aussi, dès l'heure où les Nains qui ont une servante de ferme pour amie vont traire les vaches à sa place tandis qu'elle dort, les poings fermés, dans son lit blanc, le petit roi Loc alla retrouver le savant Nur dans son puits profond

— Nur, lui dit-il, tu ne m'as pas dit ce qu'il faisait chez les Ondines.

Le vieux Nur crut que le roi Loc avait perdu

la raison et il n'en fut pas beaucoup effrayé, parce qu'il était certain que le roi Loc, s'il devenait fou, ne manquerait pas de faire un fou gracieux, spirituel, aimable et bienveillant. La folie des Nains est douce comme leur raison et pleine d'une fantaisie délicieuse. Mais le roi Loc n'était pas fou ; du moins il ne l'était pas plus que ne le sont d'ordinaire les amoureux.

— Je veux parler de Georges de Blanchelande, dit-il au vieillard, qui avait oublié ce jeune homme aussi parfaitement que possible.

Alors le savant Nur disposa dans un ordre exact, mais si compliqué qu'il avait l'apparence du désordre, des lentilles et des miroirs, et fit voir dans une glace au roi Loc la propre figure de Georges de Blanchelande, tel qu'il était quand les Ondines le ravirent. Par un bon choix et une habile direction des appareils, le Nain montra à l'amoureux roi les images de toute l'aventure du fils de cette comtesse qu'une rose blanche avertit de sa fin. Et voici, exprimé par des paroles, ce que les deux petits hommes virent dans la réalité des formes et des couleurs :

Quand Georges fut emporté dans les bras glacés des filles du lac, il sentit l'eau lui presser les yeux et la poitrine, et il crut mourir. Pourtant il entendait des chansons semblables à des caresses et il était pénétré d'une fraîcheur délicieuse. Quand il rouvrit les yeux, il se vit dans une grotte dont les piliers de cristal reflétaient les nuances délicates de l'arc-en-ciel. Au fond de cette grotte, une grande coquille de nacre, irisée des teintes les plus douces, servait de dais au trône de corail et d'algues de la reine des Ondines. Mais le visage de la souveraine des eaux avait des lueurs plus tendres que la nacre et le cristal. Elle sourit à l'enfant que les femmes lui amenaient et reposa longtemps sur lui ses yeux verts.

— Ami, lui dit-elle enfin, sois le bienvenu dans notre monde où toute peine te sera épargnée. Pour toi, ni lectures arides ni rudes exercices, rien de grossier qui rappelle la terre et ses travaux, mais seulement les chansons, les danses et l'amitié des Ondines.

En effet, les femmes aux cheveux verts enseignèrent à l'enfant la musique, la valse et mille amusements. Elles se plaisaient à nouer sur son front les pétoncles dont s'étoilaient leurs chevelures. Mais lui, songeant à sa patrie, se mordait les poings dans son impatience.

Les années se passaient et Georges souhaitait avec une constante ardeur de revoir la terre, la rude terre que le soleil brûle, que la neige durcit, la terre natale où l'on souffre, où l'on aime, la terre où il avait vu, où il voulait revoir Abeille. Cependant il devenait un grand garçon et un fin duvet lui dorait la lèvre. Le courage lui venant avec la barbe, il se présenta un jour devant la reine des Ondines et s'étant incliné lui dit :

— Madame, je viens, si vous daignez le permettre, prendre congé de vous ; je retourne aux Clarides.

— Bel ami, répondit la reine en souriant, je ne puis vous accorder le congé que vous me demandez, car je vous garde en mon manoir de cristal pour faire de vous mon ami.

— Madame, reprit Georges, je me sens indigne d'un si grand honneur.

— C'est l'effet de votre courtoisie. Tout bon chevalier ne croit jamais avoir assez gagné l'amour de sa dame. D'ailleurs vous êtes bien jeune pour connaître encore tous vos mérites. Sachez, bel ami, qu'on ne vous veut que du bien. Obéissez seulement à votre dame.

— Madame, j'aime Abeille des Clarides et je ne veux d'autre dame qu'elle.

La reine, très pâle, mais plus belle encore, s'écria :

— Une fille mortelle, une grossière fille des hommes, cette Abeille, comment pouvez-vous aimer cela?

— Je ne sais, mais je sais que je l'aime.

— C'est bon. Cela vous passera.

Et elle retint le jeune homme dans les délices du manoir de cristal.

Il ne savait pas ce que c'est qu'une femme et il ressemblait plus à Achille parmi les filles de Lycomède qu'à Tannhaüser dans le bourg enchanté. C'est pourquoi il errait tristement le long des murs de l'immense palais, cherchant une issue pour fuir; mais il voyait de toutes parts l'empire magnifique et muet des ondes fermer sa prison lumineuse. A travers les murs transparents il regardait s'épanouir les anémones de mer et le corail fleurir, tandis qu'au-dessus des madrépores délicats et des étincelants coquillages, les poissons de pourpre, d'azur et d'or faisaient d'un coup de queue jaillir des étincelles. Ces merveilles ne le touchaient guère; mais, bercé par les chants délicieux des Ondines, il sentait peu à peu sa volonté se rompre, et toute son âme se détendre.

Il n'était plus que mollesse et qu'indifférence, quand il trouva par hasard dans une galerie du palais un vieux livre tout usé dans sa reliure de peau de truie, à grands clous de cuivre. Ce livre, recueilli d'un naufrage au milieu des mers, traitait de la chevalerie et des dames et on y trouvait contées tout au long les aventures des héros qui allèrent par le monde combattant les géants, redressant les torts, protégeant les veuves et recueillant les orphelins pour l'amour de la justice et l'honneur de la beauté. Georges rougissait et pâlissait tour à tour d'admiration, de honte et de colère, au récit de ces belles aventures. Il n'y put tenir :

— Moi aussi, s'écria-t-il, je serai un bon chevalier; moi aussi j'irai par le monde punissant les méchants et secourant les malheureux pour le bien des hommes et au nom de ma dame Abeille.

Alors, le cœur gonflé d'audace, il s'élança, l'épée nue, à travers les demeures de cristal. Les femmes blanches fuyaient et s'évanouissaient devant lui comme les lames argentées d'un lac. Seule, leur reine le vit venir sans trouble ; elle attacha sur lui le regard froid de ses prunelles vertes.

Il court à elle et lui crie :

— Romps le charme qui m'enveloppe. Ouvre-moi le chemin de la terre. Je veux combattre au soleil comme un chevalier. Je veux retourner où l'on aime, où l'on souffre, où l'on lutte. Rends-moi la vraie vie et la vraie lumière. Rends-moi la vertu ; sinon, je te tue, méchante femme !

Elle secoua, pour dire non, la tête en souriant. Elle était belle et tranquille. Georges la frappa de toutes ses forces ; mais son épée se brisa contre la poitrine étincelante de la reine des Ondines.

— Enfant ! dit-elle.

Et elle le fit enfermer dans un cachot qui formait au-dessous du manoir une sorte d'entonnoir de cristal autour duquel les requins rôdaient en ouvrant leurs monstrueuses mâchoires armées d'une triple rangée de dents aiguës. Et il semblait qu'à chaque effort ils devaient briser la mince paroi de verre, en sorte qu'il n'était pas possible de dormir dans cet étrange cachot.

La pointe de cet entonnoir sous-marin reposait sur un fond rocheux qui servait de voûte à la caverne la plus lointaine et la moins explorée de l'empire des Nains.

Voilà ce que les deux petits hommes virent en une heure aussi exactement que s'ils avaient suivi Georges tous les jours de sa vie. Le vieux Nur, après avoir déployé la scène du cachot dans toute sa tristesse, parla au roi Loc à peu près comme parlent les Savoyards quand ils ont montré la lanterne magique aux petits enfants.

— Roi Loc, lui dit-il, je t'ai montré tout ce que tu voulais voir et, ta connaissance étant parfaite, je n'y puis rien ajouter. Je ne m'inquiète pas de savoir si ce que tu as vu t'a fait plaisir; il me suffit que ce soit la vérité. La science ne se soucie ni de plaire ni de déplaire. Elle est inhumaine. Ce n'est point elle, c'est la poésie qui charme et qui console. C'est pourquoi la poésie est plus nécessaire que la science. Roi Loc, va te faire chanter une chanson.

Le roi Loc sortit du puits sans prononcer une parole.

CHAPITRE XVIII

Dans lequel le roi Loc accomplit un terrible voyage.

Au sortir du puits de la science, le roi Loc s'en alla à son trésor, prit un anneau dans un coffre dont il avait seul la clef, et se le mit au doigt. Le chaton de cet anneau jetait une vive lumière, car il était fait d'une pierre magique dont on connaîtra la vertu par la suite de ce récit. Le roi Loc se rendit ensuite dans son palais, où il revêtit un manteau de voyage, chaussa de fortes bottes et prit un bâton; puis il se mit en route à travers les rues populeuses, les grands chemins, les villages, les galeries de porphyre, les nappes de pétrole et les grottes de cristal, qui communiquaient entre elles par d'étroites ouvertures.

Il semblait songeur et prononçait des paroles qui n'avaient pas de sens. Mais il marchait obstinément. Des montagnes lui barraient le chemin et il gravissait les montagnes; des précipices s'ouvraient sous ses pieds et il descendait les précipices; il passait les gués; il traversait des régions affreuses qu'obscurcissaient des vapeurs de soufre. Il cheminait sur des laves brûlantes, où ses pieds laissaient leur empreinte, il avait l'air d'un voyageur extrêmement têtu. Il s'engagea dans des cavernes sombres où l'eau de la mer, filtrant goutte à goutte, coulait comme des larmes le long des algues et formait sur le sol inégal des lagunes où d'innombrables crustacés croissaient monstrueusement. Des crabes énormes, des langoustes et des homards géants, des araignées de mer craquaient sous les pieds du Nain, puis s'en allaient en abandonnant quelqu'une de leurs pattes et réveillaient dans leur fuite des limules hideux, des poulpes séculaires qui soudain agitaient leurs cent bras et crachaient de leur bec d'oiseau un poison fétide. Le roi Loc avançait pourtant. Il parvint jusqu'au fond de ces cavernes, dans un entassement de carapaces armées de pointes, de pinces à doubles scies, de pattes qui lui grimpaient jusqu'au cou, et d'yeux mornes dardés au bout de longues branches. Il gravit le flanc de la caverne en s'accrochant aux aspérités du roc, et les monstres cuirassés montaient avec lui, et il ne s'arrêta qu'après avoir reconnu au toucher une pierre qui faisait saillie au milieu de la voûte naturelle. Il toucha de son anneau magique cette pierre qui s'écroula tout à coup avec un horrible fracas, et aussitôt un flot de lumière répandit ses belles ondes dans la caverne et mit en fuite les bêtes nourries dans les ténèbres.

Le roi Loc, passant sa tête par l'ouverture d'où venait le jour, vit Georges de Blanchelande qui se lamentait dans sa prison de verre en songeant à Abeille et à la terre. Car le roi Loc avait accompli son voyage souterrain pour délivrer le captif des Ondines. Mais voyant cette grosse tête chevelue, sourcilleuse et barbue, le regarder du fond de l'entonnoir de cristal, Georges crut qu'un grand danger le menaçait et il chercha à son côté son épée, ne songeant plus qu'il l'avait brisée sur la poitrine de la femme aux yeux verts. Cependant le roi Loc le considérait avec curiosité.

— Peuh! se dit-il, ce n'est qu'un enfant.

C'était en effet un enfant très simple et il devait à sa grande simplicité d'avoir échappé aux baisers délicieux et mortels de la reine des Ondines. Aristote, avec toute sa science, ne s'en serait pas tiré si aisément.

Georges se voyant sans défense, dit :

— Que me veux-tu, grosse tête? Pourquoi me faire du mal, si je ne t'en ai jamais fait?

Le roi Loc répondit d'un ton à la fois jovial et bourru :

— Mon mignon, vous ne savez pas si vous m'avez fait du mal, car vous ignorez les effets et les causes, les actions réflexes et généralement toute la philosophie. Mais ne parlons point de cela. Si vous ne répugnez pas à sortir de votre entonnoir, venez par ici.

Georges se coula aussitôt dans la caverne, glissa le long de la paroi et, sitôt qu'il fut au bas :

— Vous êtes un brave petit homme, dit-il à son libérateur; je vous aimerai toute ma vie; mais savez-vous où est Abeille des Clarides?

— Je sais bien des choses, répondit le Nain, et notamment que je n'aime pas les questionneurs.

Georges, en entendant ces paroles, resta tout

confus, et il suivit en silence son guide dans l'air épais et noir où s'agitaient les poulpes et les crustacés. Alors le roi Loc lui dit en ricanant :

— La route n'est pas carrossable, mon jeune prince !

— Monsieur, lui répondit Georges, le chemin de la liberté est toujours beau, et je ne crains pas de m'égarer en suivant mon bienfaiteur.

Le petit roi Loc se mordit les lèvres. Parvenu aux galeries de porphyre, il montra au jeune homme un escalier pratiqué dans le roc par les Nains pour monter sur la terre.

— Voici votre chemin, lui dit-il, adieu.

— Ne me dites pas adieu, répondit Georges ; dites-moi que je vous reverrai. Ma vie est à vous après ce que vous avez fait pour moi.

Le roi Loc répondit :

— Ce que j'ai fait n'était pas pour vous, mais pour une autre. Il vaut mieux ne pas nous revoir, car nous ne pourrions pas nous aimer.

Georges reprit avec un air simple et grave :

— Je n'avais pas cru que ma délivrance me causerait une peine. Et pourtant cela est. Adieu, monsieur.

— Bon voyage! cria le roi Loc d'une voix rude.

Or, l'escalier des Nains aboutissait à une carrière abandonnée qui était située à moins d'une lieue du château des Clarides.

Le roi Loc poursuivit son chemin en murmurant :

— Ce jeune garçon n'a ni la science ni la richesse des Nains. Je ne sais vraiment pas pourquoi il est aimé d'Abeille, à moins que ce ne soit parce qu'il est jeune, beau, fidèle et brave.

Il rentra dans la ville en riant dans sa barbe, comme un homme qui a joué un bon tour à quelqu'un. En passant devant la maison d'Abeille, il coula sa grosse tête par la fenêtre, comme il avait fait dans l'entonnoir de verre; et il vit la jeune fille qui brodait des fleurs d'argent sur un voile.

— Soyez en joie, Abeille, lui dit-il.

— Et toi, répondit-elle, petit roi Loc, puisses-tu n'avoir jamais rien à désirer, ou du moins rien à regretter!

Il avait bien quelque chose à désirer, mais vraiment il n'avait rien à regretter. Cette pensée le fit souper de bon appétit. Après avoir mangé un grand nombre de faisans truffés, il appela Bob.

— Bob, lui dit-il, monte sur ton corbeau ; va trouver la princesse des Nains et dis-lui que Georges de Blanchelande, qui fut longtemps prisonnier des Ondines, est aujourd'hui de retour aux Clarides.

Il dit, et Bob s'envola sur son corbeau.

CHAPITRE XIX

Qui traite de la merveilleuse rencontre que fit Jean, le maître tailleur, et de la bonne chanson que les oiseaux du bocage chantèrent à la duchesse.

Quand Georges se retrouva sur la terre où il était né, la première personne qu'il rencontra fut Jean, le vieux maître tailleur, portant sur son bras un habit rouge au majordome du château. Le bonhomme poussa un grand cri à la vue du jeune seigneur.

— Saint Jacques! dit-il, si vous n'êtes pas monseigneur Georges de Blanchelande, qui s'est noyé dans le lac voilà sept ans, vous êtes son âme ou le diable en personne!

— Je ne suis ni âme ni diable, mon bon Jean, mais bien ce Georges de Blanchelande qui se glissait autrefois dans votre échoppe et vous demandait des petits morceaux de drap pour faire des robes aux poupées de ma sœur Abeille.

Mais le bonhomme se récriait :

— Vous n'avez donc point été noyé, monseigneur ? J'en suis aise ! Vous avez tout à fait bonne mine. Mon petit-fils Pierre, qui grimpait dans mes bras pour vous voir passer le dimanche matin à cheval au côté de la duchesse, est devenu un bon ouvrier et un beau garçon. Il est, Dieu merci, tel que je vous le dis, monseigneur. Il sera content de savoir que vous n'êtes pas au fond de l'eau et que les poissons ne vous ont point mangé comme il le croyait. Il a coutume de dire à ce sujet les choses les plus plaisantes du monde; car il est plein d'esprit, monseigneur. Et c'est un fait qu'on vous regrette dans toutes les Clarides. Votre enfance était pleine de promesses. Il me souviendra jusqu'à mon dernier soupir qu'un jour vous me demandâtes mon aiguille à coudre, et, comme je vous la refusai parce que vous n'étiez pas d'âge à la manier sans danger, vous me répondîtes que vous iriez au bois cueillir les belles aiguilles vertes des sapins. Vous dîtes cela, et j'en ris encore. Sur mon âme ! vous dites cela. Notre petit Pierre trouvait aussi d'excellentes reparties. Il est aujourd'hui tonnelier, à votre service, monseigneur.

— Je n'en veux pas d'autre que lui. Mais donnez-moi, maître Jean, des nouvelles d'Abeille et de la duchesse.

— Hélas! d'où venez-vous, monseigneur, si vous ne savez pas que la princesse Abeille fut enlevée, il y a sept ans, par les Nains de la montagne? Elle disparut le jour même où vous fûtes noyé; et l'on peut dire que ce jour-là les Clarides perdirent leurs deux plus douces fleurs. La duchesse en mena un grand deuil. C'est ce qui me fait dire que les puissants de ce monde ont aussi leurs peines comme les plus humbles artisans et qu'on connaît à ce signe que nous sommes tous fils d'Adam. En conséquence de quoi un chien peut bien regarder un évêque, comme on dit. A telles enseignes que la bonne duchesse en vit blanchir ses cheveux et perdit toute gaieté. Et quand, au printemps, elle se promène en robe noire sous la charmille où chantent les oiseaux, le plus petit de ces oiseaux est plus digne d'envie que la souveraine des Clarides. Toutefois sa peine n'est pas sans un peu d'espoir, monseigneur; car, si elle n'a point de nouvelles de vous, elle sait du moins par des songes que sa fille Abeille est vivante.

Le bonhomme Jean disait ces choses et d'autres encore ; mais Georges ne l'écoutait plus depuis qu'il savait qu'Abeille était prisonnière des Nains.

Il songeait :

« Les Nains retiennent Abeille sous la terre ; un Nain m'a tiré de ma prison de cristal ; ces petits hommes n'ont pas tous les mêmes mœurs ; mon libérateur n'est certainement pas de la race de ceux qui enlevèrent ma sœur. »

Il ne savait que penser, sinon qu'il fallait délivrer Abeille.

Cependant ils traversaient la ville et, sur leur passage, les commères qui se tenaient sur le seuil de leur porte se demandaient entre elles qui était ce jeune étranger, et elles convenaient qu'il avait bonne mine. Les plus avisées, ayant reconnu le seigneur de Blanchelande, crurent voir un revenant et s'enfuirent en faisant de grands signes de croix.

— Il faudrait, dit une vieille, lui jeter de l'eau bénite, et il s'évanouirait en répandant une dégoûtante odeur de soufre. Il emmène maître Jean, le tailleur, et il le plongera sans faute tout vif dans les flammes de l'enfer.

— Tout doux! la vieille, répondit un bourgeois, le jeune seigneur est aussi vivant et plus vivant que vous et moi. Il est frais comme une rose et il semble venir de quelque cour galante plutôt que de l'autre monde. On revient de loin, bonne dame, témoin l'écuyer Francœur qui nous arriva de Rome à la Saint-Jean passée.

Et Marguerite la heaumière, ayant admiré Georges, monta dans sa chambre de jeune fille et là, s'agenouillant devant l'image de la sainte Vierge : « Sainte Vierge, dit-elle, faites que j'aie un mari tout semblable à ce jeune seigneur! »

Chacun parlait à sa façon du retour de Georges, tant et si bien que la nouvelle en vola de bouche en bouche jusqu'aux oreilles de la duchesse, qui se promenait alors dans le verger. Son cœur battit bien fort et elle entendit tous les oiseaux de la charmille chanter :

> Cui, cui, cui,
> Oui, oui, oui,
> Georges de Blanchelande.
> Cui, cui, cui,
> Dont vous avez nourri l'enfance,
> Cui, cui, cui,
> Est ici, est ici, est ici!
> Oui, oui, oui.

Francœur s'approcha respectueusement d'elle et lui dit :

— Madame la duchesse, Georges de Blanchelande, que vous avez cru mort, est de retour; j'en ferai une chanson.

Cependant les oiseaux chantaient :

>Cucui, cui, i, cui, cui, cui,
>Oui, oui, oui, oui, oui, oui,
>Il est ici, ici, ici, ici, ici, ici!

Et, quand elle vit venir l'enfant qu'elle avait élevé comme un fils, elle ouvrit les bras et tomba pâmée.

CHAPITRE XX

Qui traite d'un petit soulier de satin.

On ne doutait guère aux Clarides qu'Abeille eût été enlevée par les Nains. C'était aussi la croyance de la duchesse; mais ses songes ne l'en instruisaient pas précisément.

— Nous la retrouverons, disait Georges.

— Nous la retrouverons, répondait Francœur.

— Et nous la ramènerons à sa mère, disait Georges.

— Et nous l'y ramènerons, répondait Francœur.

— Et nous l'épouserons, disait Georges.

— Et nous l'épouserons, répondait Francœur.

Et ils s'enquéraient auprès des habitants des

mœurs des Nains et des circonstances mystérieuses de l'enlèvement d'Abeille.

C'est ainsi qu'ils interrogèrent la nourrice Maurille, qui avait nourri de son lait la duchesse des Clarides; mais maintenant Maurille n'avait plus de lait pour les petits enfants et elle nourrissait les poules dans sa basse-cour.

C'est là que le maître et l'écuyer la trouvèrent. Elle criait : « Psit! psit! psit! petits! petits! petits! psit! psit! psit! » et elle jetait du grain à ses poussins.

— Psit! psit! psit! petits, petits, petits! C'est vous, monseigneur! psit! psit! psit! Est-il possible que vous soyez devenu si grand... psit! et si beau? Psit! psit! chu! chu! chu! Voyez-vous ce gros-là qui mange toute la pitance des petits? Chu! chu! fu! C'est l'image du monde, monseigneur. Tout le bien va aux riches. Les maigres maigrissent, tandis que les gras engraissent. Car la justice n'est point de la terre. Qu'y a-t-il pour votre service, monseigneur? Vous accepterez bien chacun un verre de cervoise!

— Nous l'accepterons, Maurille, et je vous embrasserai parce que vous avez nourri de votre lait la mère de celle que j'aime le plus au monde.

— C'est la vérité, monseigneur; mon nourrisson eut sa première dent à six mois et quatorze jours. Et à cette occasion la défunte duchesse me fit un présent. C'est la vérité.

— Eh bien, dites-nous, Maurille, ce que vous savez des Nains qui ont enlevé Abeille.

— Hélas! monseigneur, je ne sais rien des Nains qui l'ont enlevée. Et comment voulez-vous qu'une vieille femme comme moi sache quelque chose? Il y a beau temps que j'ai oublié le peu que j'avais appris et je n'ai pas même assez de mémoire pour me rappeler où j'ai pu fourrer mes lunettes. Il m'arrive de les chercher quand je les ai sur le nez. Goûtez cette boisson, elle est fraîche.

— A votre santé, Maurille; mais on conte que votre mari connut quelque chose de l'enlèvement d'Abeille.

— C'est la vérité, monséigneur. Bien qu'il n'eût pas reçu d'instruction, il savait beaucoup de choses qu'il apprenait dans les auberges et les cabarets. Il n'oubliait rien. S'il était encore de ce monde et assis avec nous devant cette table, il vous conterait des histoires jusqu'à demain. Il m'en a dit tant et tant de toutes sortes qu'elles ont fait une fricassée dans ma tête et que je ne saurais plus, à cette heure, distinguer la queue de l'une de la tête de l'autre. C'est la vérité, monseigneur.

Oui, c'était la vérité, et la tête de la nourrice pouvait se comparer à une vieille marmite fêlée. Georges et Francœur eurent toutes les peines du monde à en tirer quelque chose de bon. Toutefois ils en firent sortir, à force de la retourner, un récit qui commença de la sorte :

— Il y a sept ans, monseigneur, le jour même où vous fîtes avec Abeille l'escapade dont vous ne revîntes ni l'un ni l'autre, mon défunt mari alla dans la montagne vendre un cheval. C'est la vérité. Il donna à la bête un bon picotin d'avoine mouillée dans du cidre, afin qu'elle eût le jarret ferme et l'œil brillant; il la mena au marché proche la montagne. Il n'eut pas à regretter son avoine et son cidre, car le cheval en fut vendu plus cher. Il en est des bêtes comme des hommes : on les estime sur l'apparence. Mon défunt mari se réjouissait de la bonne affaire qu'il venait de conclure, il offrit à boire à ses amis, s'engageant à leur faire raison le verre à la main. Or sachez, monseigneur, qu'il n'y avait pas un seul homme dans toutes les Clarides qui valût mon défunt mari pour faire raison aux amis, le verre à la main. Si bien que, ce jour-là, après avoir fait nombre de politesses, il s'en revint seul à la brune et prit un mauvais chemin, faute d'avoir reconnu le bon. Se trouvant proche une caverne, il aperçut aussi distinctement qu'il était possible dans son état et à cette heure, une troupe de petits hommes portant sur un brancard une fille ou un garçon. Il s'enfuit de peur de malencontre; car le vin ne lui ôtait pas la prudence. Mais à quelque distance de la caverne, ayant laissé choir sa pipe, il se baissa pour la ramasser et il saisit à la place un petit soulier de satin. Il fit à ce sujet une remarque qu'il se plaisait à répéter quand il était de bonne humeur : « C'est la première fois, se dit-il, qu'une pipe se change en soulier. » Or comme ce soulier était un soulier de petite fille, il pensa que celle qui l'avait perdu dans la forêt avait été enlevée par les Nains et que c'était son enlèvement qu'il avait vu. Il allait mettre le soulier dans sa poche, quand des petits hommes, couverts de capuchons, se jetèrent sur lui et lui donnèrent des soufflets en si grand nombre qu'il resta tout étourdi sur la place.

— Maurille! Maurille! s'écria Georges, c'est le

soulier d'Abeille! Donnez-le-moi, que j'y mette mille baisers. Il restera tous les jours sur mon cœur, dans un sachet parfumé, et quand je mourrai, on le mettra dans mon cercueil.

— A votre gré, monseigneur ; mais où l'irez-vous chercher? Les Nains l'avaient repris à mon pauvre mari, et il pensa même qu'il n'avait été si consciencieusement soufileté que pour l'avoir voulu mettre dans sa poche et montrer aux magistrats. Il avait coutume de dire à ce sujet, quand il était de bonne humeur...

— Assez! assez! Dites-moi seulement le nom de la caverne.

— Monseigneur, on la nomme la caverne des Nains, et elle est bien nommée. Mon défunt mari...

— Maurille! plus un mot! Mais toi, Francœur, sais-tu où est cette caverne?

— Monseigneur, répondit Francœur en achevant de vider le pot de cervoise, vous n'en douteriez pas si vous connaissiez mieux mes chansons. J'en ai fait une douzaine sur cette caverne et je l'ai décrite sans oublier seulement un brin de mousse. J'ose dire, monseigneur, que sur ces douze chansons, six ont vraiment du mérite. Mais les six autres ne sont pas non plus à dédaigner. Je vais vous en chanter une ou deux...

— Francœur, s'écria Georges, nous nous emparerons de la caverne des Nains et nous délivrerons Abeille!

— Rien n'est plus certain, répondit Francœur.

CHAPITRE XXI

Où l'on raconte une périlleuse aventure.

Dès la nuit, quand tout fut endormi dans le manoir, Georges et Francœur se glissèrent dans la salle basse pour y chercher des armes. Là, sous les solives enfumées, lances, épées, dagues, espadons, couteaux de chasse, poignards brillaient : tout ce qu'il faut pour tuer l'homme et le loup. Sous chaque poutre, une armure complète se tenait debout, dans une si ferme et si fière attitude qu'elle semblait encore remplie de l'âme du brave homme qui l'avait revêtue jadis pour de grandes aventures. Et le gantelet pressait la lance entre dix doigts de fer, tandis que l'écu reposait sur les tassettes de la cuisse, comme pour enseigner que la prudence est nécessaire au courage et que l'excellent homme de guerre est armé pour la défense aussi bien que pour l'attaque.

Georges choisit entre tant d'armures celle que le père d'Abeille avait portée jusques dans les îles d'Avalon et de Thulé. Il la ceignit avec l'aide de Francœur et il n'oublia pas l'écu sur lequel était peint au naturel le soleil d'or des Clarides. Francœur revêtit à son tour la bonne vieille cotte d'acier de son grand-père et se coiffa d'un bassinet hors d'usage auquel il ajouta une espèce de plumet, plumail ou plumeau miteux et dépenaillé. Il fit ce choix par fantaisie et pour avoir l'air réjouissant; car il estimait que la gaieté, bonne en toute rencontre, est particulièrement utile là où il y a de grands dangers à courir.

S'étant ainsi armés, ils s'en allèrent, sous la lune, dans la campagne noire. Francœur avait attaché les chevaux à l'orée d'un petit bois, proche la poterne, où ils les trouvèrent qui mordaient l'écorce des arbustes; ces chevaux étaient très vites, et il leur fallut moins d'une heure pour atteindre, au milieu de Follets et d'apparitions confuses, la montagne des Nains.

— Voici la grotte, dit Francœur.

Le maître et l'écuyer mirent pied à terre et s'engagèrent, l'épée à la main, dans la caverne. Il fallait un grand courage pour tenter une pareille aventure. Mais Georges était amoureux et Francœur était fidèle. Et c'était le cas de dire avec le plus délicieux des poètes :

> Que ne peut l'Amitié conduite par l'Amour ?

Le maître et l'écuyer marchèrent dans les ténèbres pendant près d'une heure, après quoi ils virent une grande lumière dont ils furent étonnés. C'était un de ces météores dont nous savons que le royaume des Nains est éclairé.

A la lueur de cette clarté souterraine ils virent qu'ils étaient au pied d'un antique château.

— Voilà, dit Georges, le château dont il faut nous emparer.

— Effectivement, répondit Francœur ; mais souffrez que je boive quelques gouttes de ce vin que j'ai emporté comme une arme ; car, tant vaut le vin tant vaut l'homme, et tant vaut l'homme tant vaut la lance, et tant vaut la lance tant moins vaut l'ennemi.

Georges ne voyant âme qui vive, heurta rudement du pommeau de son épée la porte du château. Une petite voix chevrotante lui fit lever la tête et il aperçut à l'une des fenêtres un très petit vieillard à longue barbe qui demanda :

— Qui êtes-vous?

— Georges de Blanchelande.

— Et que voulez-vous?

— Reprendre Abeille des Clarides, que vous retenez injustement dans votre taupinière, vilaines taupes que vous êtes!

Le nain disparut et de nouveau Georges se trouva seul avec Francœur qui lui dit :

— Monseigneur, je ne sais si j'exagère en déclarant que, dans votre réponse au Nain, vous n'avez peut-être pas épuisé toutes les séductions de l'éloquence la plus persuasive.

Francœur n'avait peur de rien, mais il était vieux; son cœur était, comme son crâne, poli par l'âge, et il n'aimait pas qu'on fâchât les gens. Georges, au contraire, se démenait et poussait de grands cris :

— Vils habitants de la terre, taupes, blaireaux, loirs, furets et rats d'eau, ouvrez seulement cette porte et je vous couperai les oreilles à tous!

Mais à peine avait-il parlé de la sorte que la porte de bronze du château s'ouvrit lentement d'elle-même, sans qu'on pût voir qui en poussait les énormes battants.

Georges eut peur, et pourtant il franchit cette porte mystérieuse parce que son courage était encore plus grand que sa peur. Entré dans la cour, il vit à toutes les fenêtres, dans toutes les galeries, sur tous les toits, sur tous les pignons, dans la lanterne et jusque sur les tuyaux de cheminées des Nains armés d'arcs et d'arbalètes.

Il entendit la porte de bronze se refermer sur lui et une grêle de flèches commença à tomber dru sur sa tête et sur ses épaules. Pour la seconde fois il eut grand'peur et pour la seconde fois il surmonta sa peur.

L'écu au bras, l'épée au poing, il monte les degrés, quand tout à coup il aperçoit, debout sur la plus haute marche, dans un calme auguste, un Nain majestueux, portant le sceptre d'or, la couronne royale et le manteau de pourpre. Et il reconnaît en ce Nain le petit homme qui l'avait délivré de la prison de verre. Alors il se jette à ses pieds et lui dit en pleurant :

— O mon bienfaiteur, qui êtes-vous? Êtes-vous donc de ceux qui m'ont pris Abeille que j'aime?

— Je suis le roi Loc, répondit le nain. J'ai gardé Abeille près de moi pour lui enseigner les secrets des Nains. Enfant, vous tombez dans mon royaume comme la grêle dans un verger en fleurs. Mais les Nains, moins faibles que les hommes, ne s'irritent point comme eux. Je suis trop au-dessus de vous par l'intelligence pour ressentir quelque colère de vos actes, quels qu'ils puissent être. De toutes les supériorités que j'ai sur vous il en est une que je garderai jalousement : c'est celle de la justice. Je vais faire venir Abeille et je lui demanderai si elle veut vous suivre. Je ferai cela, non parce que vous le voulez, mais parce que je le dois.

Il se fit un grand silence, et Abeille parut en robe blanche, ses blonds cheveux épars. Sitôt qu'elle vit Georges, elle courut se jeter dans ses bras, et elle pressa de toutes ses forces la poitrine de fer du chevalier.

Alors le roi Loc lui dit :

— Abeille, est-il vrai que voilà l'homme que vous voulez épouser?

— Il est vrai, très vrai, que le voilà, petit roi Loc, répondit Abeille. Voyez tous, petits hommes, comme je ris et comme je suis heureuse.

Et elle se mit à pleurer. Ses larmes coulaient sur la joue de Georges, et c'étaient des larmes de bonheur; elle y mêlait des éclats de rire et mille mots charmants qui n'avaient point de sens, pareils à ceux que bégayent les petits enfants. Elle ne songeait pas que la vue de son bonheur pouvait attrister le cœur du roi Loc.

— Ma bien-aimée, lui dit Georges, je vous retrouve telle que je le désirais : la plus belle et la meilleure des créatures. Vous m'aimez! Grâce au ciel, vous m'aimez! Mais, Abeille, n'aimez-vous point aussi un peu le roi Loc qui m'a tiré de la prison de verre où les Ondines me gardaient loin de vous?

Abeille se tourna vers le roi Loc :

— Petit roi Loc, tu as fait cela! s'écria-t-elle; tu m'aimais et tu as délivré celui que j'aimais et qui m'aimait...

Elle n'en put dire davantage et tomba à genoux, la tête dans ses mains.

Tous les petits hommes, témoins de cette scène, répandaient des larmes sur leurs arbalètes. Seul, le roi Loc gardait un visage tranquille. Abeille, lui découvrant tant de grandeur et de bonté, se sentait pour lui l'amour d'une fille pour son père. Elle saisit la main de son amant et dit :

— Georges, je vous aime; Georges, Dieu sait combien je vous aime. Mais comment quitter le roi Loc?

— Holà! vous êtes tous deux mes prisonniers, s'écria le roi Loc d'une voix terrible.

Il avait pris une voix terrible en manière d'amusement et pour faire une bonne plaisanterie. Mais, en réalité, il n'était point en colère. Francœur s'approcha de lui en mettant un genou en terre.

— Sire, lui dit-il, qu'il plaise à Votre Majesté de me faire partager la captivité des maîtres que je sers!

Abeille, le reconnaissant, lui dit :

— C'est vous, mon bon Francœur; j'ai joie à vous revoir. Vous avez un bien vilain panache. Dites-moi, avez-vous fait de nouvelles chansons?

Et le roi Loc les emmena tous trois dîner.

CHAPITRE XXII

Par lequel tout finit bien.

Le lendemain, Abeille, Georges et Francœur revêtirent les somptueux vêtements que les Nains leur avaient préparés, et ils se rendirent dans la salle des fêtes où le roi Loc, en habit d'empereur, vint bientôt les rejoindre comme il l'avait promis. Il était suivi de ses officiers portant des armes et des fourrures d'une sauvage magnificence et des casques sur lesquels s'agitaient des ailes de cygne. Les Nains, accourus en foule, entraient par les fenêtres, les soupiraux et les cheminées, et se coulaient sous les banquettes.

Le roi Loc monta sur une table de pierre à une extrémité de laquelle étaient rangés des buires, des flambeaux, des hanaps et des coupes d'or fin, d'un travail merveilleux. Il fit signe à Abeille et à Georges d'approcher, et dit :

— Abeille, une loi de la nation des Nains veut qu'une étrangère reçue dans nos demeures soit libre au bout de sept ans révolus. Vous avez passé sept années au milieu de nous, Abeille; et je serais un mauvais citoyen et un roi coupable si je vous retenais davantage. Mais avant de vous laisser aller, je veux, n'ayant pu vous épouser, vous fiancer moi-même à celui que vous avez choisi. Je le fais avec joie, parce que je vous aime plus que moi-même et que ma peine, s'il m'en reste, est comme une petite ombre que votre bonheur efface. Abeille des Clarides, princesse des Nains, donnez-moi votre main ; et vous, Georges de Blanchelande, donnez-moi la vôtre.

Ayant mis la main de Georges dans celle d'Abeille, le roi Loc se tourna vers le peuple et dit d'une voix forte :

— Petits hommes, mes enfants, vous êtes témoins que les deux qui sont là s'engagent l'un l'autre à s'épouser sur la terre. Qu'ils y retournent ensemble et y fassent ensemble fleurir le courage, la modestie et la fidélité, comme les bons jardiniers font éclore les roses, les œillets et les pivoines.

A ces mots, les Nains poussèrent de grands cris, et, ne sachant s'ils devaient se plaindre ou se réjouir, ils étaient agités de sentiments contraires. Le roi Loc se tourna de nouveau vers les fiancés, et, leur montrant les buires, les hanaps, toute la belle orfèvrerie :

— Voilà, leur dit-il, les présents des Nains. Recevez-les, Abeille, ils vous rappelleront vos petits amis ; cela est offert par eux et non par moi. Vous saurez tout à l'heure ce que je veux vous donner.

Il y eut un long silence. Le roi Loc contempla avec une expression magnifique de tendresse Abeille, dont la belle tête radieuse s'inclinait, couronnée de roses, sur l'épaule du fiancé.

Puis il reprit de la sorte :

— Mes enfants, ce n'est pas assez de s'aimer beaucoup ; il faut encore se bien aimer. Un grand amour est bon, sans doute ; un bel amour est meilleur. Que le vôtre ait autant de douceur que de force ; que rien n'y manque, pas même l'indulgence, et qu'il s'y mêle un peu de pitié. Vous êtes jeunes, beaux et bons ; mais vous êtes hommes, et, par cela même, sujets à bien des misères. C'est pourquoi, s'il n'entre pas quelque pitié dans les sentiments que vous éprouvez l'un pour l'autre, ces sentiments ne seront pas appropriés à toutes les circonstances de votre vie commune ; ils seront comme des habits de fête qui ne garantissent point du vent et de la pluie. On n'aime sûrement que ceux qu'on aime jusque dans leurs faiblesses et leurs pauvretés. Épargner, pardonner, consoler, voilà toute la science de l'amour.

Le roi Loc s'arrêta, saisi d'une émotion forte et douce. Puis il reprit :

— Mes enfants, soyez heureux ; gardez votre bonheur, gardez-le bien.

Pendant qu'il parlait, Pic, Tad, Dig, Bob, Truc et Pau, pendus au manteau blanc d'Abeille, couvraient de baisers les bras nus et les mains de la jeune fille. Et ils la suppliaient de ne les point quitter. Alors le roi Loc tira de sa ceinture une bague dont le chaton jetait des gerbes de lumière. C'était la bague magique qui avait ouvert la prison des Ondines. Il la passa au doigt d'Abeille et dit :

— Abeille, recevez de ma main cet anneau qui vous permettra d'entrer à toute heure, vous et votre mari, dans le royaume des Nains. Vous y serez reçus avec joie et aidés de toutes les manières. Enseignez, en retour, aux enfants que vous aurez à ne point mépriser les petits hommes innocents et laborieux qui vivent sous la terre.

FIN

TABLE

	Pages.
BALTHASAR	1
LE RÉSÉDA DU CURÉ	31
M. PIGEONNEAU	37
LA FILLE DE LILITH	63
LÆTA ACILIA	89
L'ŒUF ROUGE	109
ABEILLE	129

www.ingramcontent.com/pod-product-compliance
Lightning Source LLC
Chambersburg PA
CBHW070624170426
43200CB00010B/1902